中小学智能教育创新及实践

贾汇亮　总主编

行走在
智慧教育的路上

刘锐娟◎著

暨南大学出版社
JINAN UNIVERSITY PRESS

中国·广州

图书在版编目（CIP）数据

行走在智慧教育的路上 / 刘锐娟著. -- 广州 ： 暨
南大学出版社，2024. 12. --（中小学智能教育创新及实
践 / 贾汇亮总主编）. -- ISBN 978-7-5668-4084-4

Ⅰ. G632.0

中国国家版本馆 CIP 数据核字第 2024C7F408 号

行走在智慧教育的路上
XINGZOU ZAI ZHIHUI JIAOYU DE LUSHANG

著　者：刘锐娟

出 版 人：阳　翼
统　　筹：黄　球　潘江曼
责任编辑：黄　球　王雪琳
责任校对：刘舜怡　黄子聪
责任印制：周一丹　郑玉婷

出版发行：暨南大学出版社（511434）
电　　话：总编室（8620）31105261
　　　　　营销部（8620）37331682　37331689
传　　真：（8620）31105289（办公室）　37331684（营销部）
网　　址：http：//www. jnupress. com
排　　版：广州市新晨文化发展有限公司
印　　刷：广州市友盛彩印有限公司
开　　本：787mm×1092mm　1/16
印　　张：12
字　　数：220 千
版　　次：2024 年 12 月第 1 版
印　　次：2024 年 12 月第 1 次
定　　价：49.80 元

（暨大版图书如有印装质量问题，请与出版社总编室联系调换）

总　序

在人工智能和教育数字化转型快速发展的当下，中小学教育正经历着前所未有的变革，人工智能和数字化技术如同催化剂，推动着中小学教育不断创新与实践。在这个背景下，广东省在中小学教师信息技术应用能力提升工程2.0项目实施周期，开展了广东省中小学"百千万人才培养工程"智能教育名校长培养项目，目标是培养一批在智能教育创新与实践方面能够发挥示范引领作用的中小学名校长。三年培养周期内，参训校长们结合智能技术的发展趋势和学校实践改革的需要，鼎力合作开展了深入的智慧教育创新实践，"中小学智能教育创新及实践"丛书应运而生，它不仅是时代发展的必然产物，更是20位中小学智能教育名校长智慧与心血的结晶。

这套丛书聚焦中小学教育的多个关键领域，以智能创新为核心线索，深入探索教育的新路径、新模式。《做有智慧的教育——一所乡村小学智慧教育的思与行》展现了乡村小学在资源有限的情况下，积极探索智慧教育的艰辛历程与宝贵经验，为乡村学校智能教育的发展提供了借鉴和信心；《信息技术环境下"六智融合"校本育人模式的研究与实践》深入剖析了信息技术与校本育人的融合之道，提出了具有创新性和可操作性的校本育人模式；《行走在智慧教育的路上》记录了教育工作者在智慧教育探索中的点滴感悟与成长，为同行们提供了精神上的支持与鼓励、实践上的思路和策略；《写作可以这样教——技术赋能的写作学程设计》聚焦于写作教学这一重要领域，借助智能技术，为写作教学提供了全新的思路和方法，激发学生的写作兴趣和潜能；《智能教育创新的探索与实践研究——以惠州市第十一小学为例》关注智能时代教师研修活动的开展、学生数字素养课程的实施，以及家校社协同育人平台的建立，探讨如何根据学校的实际情况进行教育创新；《学校数字化转型的"怡然"探索》以学校数字化建设案例为依托，结合"怡然教育"的办学特色，展示了学校在数字化转型过程中的实践经验和成果，为其他学校提供了有益的参考；《"四环一体"跨学科主题学习模式的构建》则着眼于跨学科主题学习这一前沿领域，在智能环境支撑下，构建了"四环一体"这种独具特色和创新性的综合学习模式，培养学生的综合素养和创新能力。

这套丛书的作者均为中小学教育一线的校长，他们既有丰富的学校管理经验和教育教学经验，又有积极接纳智能技术的创造力和活力。他们将自己的实践经验与智能技术相结合，形成了一系列具有创新性、实用性和可操作性的研究成果。这些成果不仅是对中小学智能教育创新与实践的有益探索，也是对教育改革与发展的积极贡献。我们相信，这套丛书的出版，将为广大中小学教育工作者提供一个学习、交流和借鉴的平台，激励更多的教育工作者投身于智能教育创新与实践的探索中，共同推动中小学教育的改革与发展。同时，我们希望这套丛书能够为教育研究者提供丰富的研究素材，为教育政策制定者提供有益的参考，为社会各界了解中小学教育的发展提供一个窗口。

本套丛书得以顺利出版，首先感谢广东省中小学"百千万人才培养工程"智能教育名校长培养项目的学术班主任钟丽霞博士的学术引领和统筹推进；其次感谢在智能教育实践中不吝分享自己实践智慧的各位校长；最后感谢暨南大学出版社的编辑们的辛苦付出。

教育是一项伟大而光荣的事业，智能创新是推动教育事业发展的重要动力。当前，人工智能正在快速发展，我国教师数字化转型方兴未艾，让我们携手共进，在智能教育创新与实践的道路上不断探索，为培养更多具有创新精神和实践能力的新时代人才而努力奋斗！

广东第二师范学院

贾汇亮

2024 年 12 月

序　言

在这个瞬息万变的时代，教育作为社会进步的基石，其变革与发展始终牵动着每一个教育者的心。刘锐娟校长的专著《行走在智慧教育的路上》正是在这样的大背景下应运而生，它不仅是对个人教育理念的深刻阐述，更是对当前教育改革方向的积极探索与回应。

作为刘锐娟校长的导师，我有幸见证了她在教育领域的不懈追求与卓越成就。锐娟是一位富有远见卓识的教育领导者，她始终站在时代的前沿，敏锐地捕捉智慧教育的脉搏，并将其融入学校的日常教学中。本书凝聚了她多年的教育智慧与实践经验，是对其教育理念的系统梳理与升华。

书中，锐娟以生动的案例和深入浅出的笔触，展现了智慧教育在学校管理、课堂教学、师生互动等多个层面的应用与成效。她不仅阐述了智慧教育的核心理念与价值追求，还详细分享了学校在推进智慧教育过程中的具体做法与经验总结。这些宝贵的实践经验，无疑为其他学校提供了可借鉴的范例与启示。

尤为值得一提的是，锐娟在书中不仅关注技术的应用与创新，更强调了人文关怀与教育本质的回归。她认为，智慧教育的最终目的是更好地服务学生的全面发展，让每一个学生都能在信息化的环境中找到属于自己的成长路径。这种以人为本的教育理念，正是当前教育改革迫切需要的。

此外，锐娟还以开放的心态和包容的视野，探讨了智慧教育在未来可能面临的挑战与机遇。她鼓励教育者要勇于面对变革，不断学习新知识、新技术，以适应时代发展的需求。这种前瞻性的思考，无疑为教育事业的持续发展注入了新的活力与动力。

总之，《行走在智慧教育的路上》不仅是一部关于智慧教育的学术专著，更是一部充满教育情怀与使命担当的力作。我相信，这本书的出版将为广大教育工作者提供宝贵的参考与借鉴，推动智慧教育在更广泛的范围内落地生根、开花结果。在此，我衷心祝愿锐娟在未来的教育道路上越走越远，为培养更多优秀人才、为教育事业的繁荣发展贡献更大的力量。

贾汇亮

2024 年 10 月

目 录
CONTENTS

第一章

引　言

第一节　教育的现状与挑战

随着时代的车轮滚滚向前，教育作为引领未来的关键力量，正站在前所未有的历史节点。这个时代，不仅赋予了我们更多的可能性，更为教育的改革创新开辟了广袤的探索领域。本书将深入剖析教育的现状及其面临的挑战，旨在引领读者对未来教育发展进行深入思考。

时代的进步，社会的发展，将教育推向前所未有的关键地位。教育不再仅仅局限于知识的传递，更是塑造未来世界的关键催化剂。在这个时代，我们正面临着丰富而多变的机遇，也迎来了深刻而复杂的挑战。

新兴技术的崛起，信息的飞速传递，为教育注入了新的活力。个性化学习、数字化课堂、智能化教学新等概念在教育领域不断出现，为师生提供了更为灵活、丰富的学习体验。这是一个令人振奋的时代，我们在其中汲取着前所未有的力量。

机遇的背后隐藏着巨大的挑战。教育资源分配的不均衡，传统教育观念的僵化，个性化学习的平衡难题等，都需要我们深入探讨和勇敢面对。教育的现状，既是光明的，也是严峻的。唯有正视问题，我们才能更好地迎接未来。

通过对教育的现状与挑战进行深入分析，本书将引领读者对未来教育发展方向进行思考。教育的未来不仅是技术的创新，更是对人性、社会、文化的深刻理解。在这个时代的拐点，让我们共同思考，共同努力，为教育的未来书写更加辉煌的篇章。

一、时代背景下的教育变革

在国家经济蓬勃发展的浪潮中，教育领域迎来了前所未有的繁荣。政府对教育事业高度重视，为学校投入了丰富的资源，为学校的全面发展提供了强有力的支持。这场投入不仅体现在设施的不断完善上，还体现在师资力量的不断充实上，更体现在为学生们创造了更加宜人的学习环境。与此同时，科技的飞速发展也为教育领域带来了翻天覆地的变化，新兴的教育方式如在线教育、智能化教学等应运而生，为学生和教师提供了更为灵活和高效的学习方式。

1. 资源投入，教育事业蓬勃发展

国家经济的蓬勃发展为教育事业创造了宽松的经济环境，政府对教育事业的高度投入是这一时期的显著特征。在这场投入中，学校迅速发展，不仅设施得到了极大的改善，而且师资力量也得到了极大的加强。教育资源的充沛注入，使学校的硬件设施和软实力都踏上了一个新的台阶。

教育资源的投入直接体现在学校设施的不断完善上。教室、图书馆、实验室等各类场所得到了重新规划和改造，为学生提供了更为优越、舒适的学习空间。现代化的教学设备和多媒体教室的普及，使学校的教学水平得到了明显提升。学生在这样的环境中学习，不仅能够更好地专注于知识的获取，还能够更好地培养实践操作能力。

教育资源的投入还体现在师资力量的充实上，其能够培养更全面发展的学生上。教育的核心在于师资，而在这个时期，政府对师资力量的投入显著增加。培训计划、学科竞赛、国际交流等多样化的培训方式，使教师队伍更加专业化、多元化。师资力量的充实不仅意味着更高水平的教学质量，更意味着学生在思维、素养等方面能得到更全面的培养。

2. 科技崛起，教育迎来新时代的变革

除了资源的充沛投入，科技的迅猛发展也为教育领域带来了一场革命。新型教育方式和工具的涌现，为学校、学生以及教育者提供了前所未有的机遇。

在线教育成为这一时期最为引人注目的教育方式之一。通过互联网技术，学生可以随时随地获取丰富的教学资源。这种方式不仅打破了时空的限制，使学生不再受制于传统教学方式的束缚，而且为偏远地区的学生提供了与城

市学生同等的学习机会。教育不再局限于教室，而是转变为一个可以全方位拓展的活动形态。

智能化教学进入个性化学习的新境界。智能化教学是科技进步的又一体现。通过人工智能、大数据等技术，教育者可以更好地了解学生的学习习惯、兴趣爱好，从而制订个性化的教学计划。学生在这样的环境中学习，不再受制于统一的教学节奏，而是能够根据自身的特点和需求，自主掌握知识。这种个性化的学习方式更能适应学生的个体差异，有助于激发他们的学习潜能。

在虚拟学习空间，实验操作无时空限制。传统的实验操作常常受限于场地、设备等因素，而虚拟实验室的出现改变了这一局面。学生通过计算机模拟实验操作，不仅能够更加直观地理解实验原理，还能够避免实验中可能出现的危险。虚拟实验室突破了时空的羁绊，学生可以随时进行实验操作，这为他们提供了更加丰富的实践机会。

二、传统与现代教育理念的碰撞

在这场教育浪潮中，传统的教育理念与现代的创新思维发生了有益的碰撞。注重知识传授和记忆的传统教育理念，在现代社会的发展中受到了巨大的冲击。现代教育理念更加关注对学生创新能力和实践能力的培养，突破了传统教育理念的束缚，更贴近社会的实际需求。教师不再仅仅是知识的传授者，更是学生全面发展的引导者，为培养具有创新思维和实践能力的未来人才奠定了基础。

1. 传统教育理念的光辉历史

传统教育理念注重的是对学科知识的传授。教育者通过传统的讲授方式，将知识源源不断地传递给学生。这种方式使得学生在相对短的时间内就能够构建丰富的知识体系，为他们未来的学业奠定了坚实的基础。传统的教育注重学科的纵深发展，强调打牢基础。

传统教育理念还强调记忆的重要性。通过反复的学科知识训练，学生能够更好地记忆所学知识，并在考试中表现出色。这种训练方式有助于开发学生的智力，提高他们的综合素质。传统教育理念认为，只有通过对知识的深刻记忆，学生才能在未来的社会中取得好的发展。

2. 现代教育理念的更新与拓展

随着社会的发展，传统教育理念逐渐暴露出无法满足现代社会需求的弊端。社会对创新能力的需求日益增长，而传统教育理念强调的记忆方式并不能满足当下社会的实际需求。因此，现代教育理念强调培养学生的创新能力，使他们能够更好地适应未来社会的发展。

现代教育理念不仅注重学科知识的传授，而且强调对学生实践能力的培养。学生通过实验操作、项目实践等方式，将所学知识应用于实际生活中，提高动手能力和解决问题的能力。这种实践导向的教育方式使得学生更具有实际应对问题的能力，有助于他们更好地面对社会的各种挑战。

现代教育者注重培养学生的创新思维、团队协作精神和终身学习的能力。学校提供更多元化的课程和活动，让学生在学习学科知识的同时，培养广泛的兴趣爱好，发展潜在的专业方向。学生在这样的环境中，更容易发现自己的兴趣和擅长领域，为未来职业的选择打下更加坚实的基础。

3. 教育理念的和谐发展

传统教育理念和现代教育理念并不是对立的关系，而是可以相互融合的。传统教育理念的基础知识传授和记忆培养依然是学生全面发展的重要组成部分，但需要更多地结合现代科技手段，使知识传递更具趣味性和实用性。通过虚拟实验、在线互动等方式，提高学生获取知识的效率，优化学习体验。

现代教育理念的创新包括教育形式的创新。在线教育、智能化教学等新型教育方式的出现，使学生可以更灵活地学习，不再受传统教室空间和时间的限制。这种教育方式的创新为学生提供了更丰富的学习资源，有助于拓展他们的知识面和发展更灵活的学习方式。

传统教育理念的变革需要教育者的专业发展。教育者需要不断更新自己的知识储备，学习和运用新的教育理念和方法。通过培训计划、教育交流等方式，教育者能够更好地适应教育形势的变化，为学生提供更优质的教学服务。

在这个教育浪潮中，传统教育理念和现代教育理念形成了一种和谐共生的格局。教师不再只是传统知识的灌输者，更是学生全面发展的引导者。教育理念的进化并不是舍弃传统，而是在传统的基础上进行创新，更好地适应社会的发展需要。这种和谐共生的教育理念新格局，将为学生的未来发展打开更加广阔的空间。

三、教育理念和方法的革新

在这个充满机遇与挑战的时代，学校要积极探索新的教育理念和方法，致力于更好地满足学生和社会的需求。教育者要全力引领学生在思维方式、学科知识和实践能力上取得全面的进步。通过整合先进的科技手段，学校可以建立更加灵活多样的教学模式，让学生可以更加自主、多元地进行学习。

1. 现代背景下教育面临的挑战与机遇

随着社会的不断发展，当下各领域对人才的需求变得越来越多样化。传统教育模式往往难以适应这种多样性，因此学校在教育理念和方法上面临着新的挑战。如何培养既具有专业知识，又具备创新能力和团队协作能力的人才，成为亟待解决的问题。

科技的迅猛发展为教育创新提供了崭新的契机。数字化、智能化等科技手段的应用，为学校开辟了更为广阔的教学空间。学校要积极抓住这一机遇，探索如何融合科技与教育，提高教学效果，培养更具创新力的学生。

2. 新的教育理念的引导

学校要通过引入新的教育理念，培养学生的创新思维。学校不再仅仅强调对知识的传授，更注重培养学生思辨、解决问题的能力以及面对未知挑战的勇气。要鼓励学生提出问题、进行实践，培养他们在复杂环境下独立思考和创新的能力。

除了专业知识，学校还要注重培养学生的综合素质。团队协作能力、沟通能力、领导力等都成为学生全面发展的重要组成部分。要鼓励学生参与社会实践、社团活动等，锻炼他们的团队协作能力，使其更好地适应未来职业生涯的挑战。

新的教育理念强调引导学生发现自己的兴趣和潜能。学校要通过开设多元化的选修课程、实践项目，让学生更早地接触不同领域知识，发现自己的兴趣所在。这有助于学生更有目标地进行学业规划，更好地实现个性化发展。

3. 新的教学方法的应用

学校在探索新的教学方法时，要积极整合先进的科技手段。数字化教材、在线互动平台、虚拟实验室等工具被广泛引入，学生可以在更具互动性和趣味性的环境中学习。教育者要通过科技手段更灵活地进行教学设计，提高教学效果。

传统的考试评价模式逐渐被多元化的评价方式所取代。学校要建立更加全面的评价体系，包括项目评估、实际操作考核、团队作业评价等。这有助于更全面地了解学生的综合素质和潜力，避免单一标准对学生造成过度的压力。

为了更好地培养学生的实践能力，学校要增加实践环节的设置。实习、实训等活动应成为学生学业的一部分，使他们能够在真实的工作场景中应用所学知识。这种实践型的学习方式有助于学生更好地将理论知识转化为实际能力。

4. 学生自主学习的推动

学校要鼓励学生制订个性化学习计划，根据自身兴趣和职业规划合理选择课程。学生通过导师制度获得个性化的学术指导，使学习更加深入和更有针对性。

学校可以通过培养学生的自主学习能力，使其在学习过程中更具主动性。教育者通过激发学生的学习兴趣、提供自主学习的资源，引导他们逐渐养成独立思考、主动学习的良好习惯。

为了促进学生的自主学习，学校要努力创造开放、多元的学习环境。学校应更好地整合和利用图书馆、实验室、自习室等资源，让学生可以根据自己的需求选择适宜的学习场所，拓展学科学习的广度和深度。

5. 教育者的专业发展与支持

为了适应新的教育理念和方法，学校要为教育者提供多样化的培训计划，包括前沿理论知识的讲座、先进科技工具的应用培训、提升教学设计和评估方法的学习资源等，让教育者能够更好地驾驭新的教育格局。

学校要鼓励教育者进行交流与合作，建立教学团队，共同研讨教育理念和方法。通过分享经验、共同研究解决方案，推动学校教育水平的提升。

学校要支持教育者进行科研与实践相结合的探索。鼓励教育者通过教学实践形成独特的教育理念，推动教育研究与实际教学更好地结合。

在新的教育理念和方法的引领下，学校将迈向全面发展的未来。通过创新教育理念，整合科技手段，推动学生全面发展，学校为培养更具创新力、实践能力的未来人才奠定了坚实的基础。这种全面发展的教育格局不仅满足了社会对人才的多元需求，也为学生的个性化发展提供了更多可能。学校需要持续深耕，为教育事业的繁荣发展贡献力量。

四、挑战与机遇并存

新时代的浪潮奔涌而来，教育迎来了前所未有的发展契机，也面临着诸多严峻挑战。个性化需求的激增、教育资源的不均衡分配、传统教育观念的坚守，这一系列问题交织在一起，呼唤我们共同努力面对和解决。本书将从多个角度剖析教育的现状与挑战，旨在为读者呈现一幅全面、深入的教育画卷。通过深刻理解教育所处的大背景，我们有望更好地把握时代脉搏，迎接未来教育的挑战与机遇。愿本书能为广大教育工作者、家长和学生提供启示，共同推动教育事业的繁荣与进步。

1. 教育面临的新时代背景

随着社会变革的不断加速，教育在新时代面临着更为复杂和多元的社会需求。传统的教育体制和观念逐渐显得滞后，教育需要更加灵活和创新的方法来适应社会的发展。

科技与信息的崛起为教育带来了前所未有的机遇，也带来了新的挑战。数字化、智能化的浪潮使教育方式更加多样化，但仍需要我们认真思考如何更好地将科技融入教育中，提高教育的质量和效益。

2. 挑战的维度

随着社会的发展，个性化需求逐渐凸显。每个学生都是独特的个体，他们对于学习方式和内容的需求各异。而传统教育往往是"一刀切"，不能满足学生的个性化需求，这是当前亟待解决的问题之一。

在城乡、地区之间，教育资源的分配存在明显的不均衡。优质师资、现代化教育设施等教育资源在一些地方丰富，而在另一些地方却相对匮乏。这种不均衡使学生接受教育的机会不均等，已然成为教育领域面临的重要问题。

传统的教育观念往往过于注重知识的灌输和考试的结果，忽视了对学生创新能力、实践能力和团队协作能力的培养。这种顽固的观念阻碍了教育的进步，成为需要突破的重要障碍。

3. 机遇的光芒

面对个性化需求的增加，个性化教育成为发展的亮点。利用科技手段，可以更好地满足学生个性化学习的需求，实现教育资源的合理配置，促进每个学生全面发展。

科技的飞速发展为教育提供了丰富的新技术工具，如人工智能、虚拟现实等。这些新技术不仅可以提高教学效果，还能够创造更具创新性和趣味性的学习体验，为学生打开更广阔的学习空间。

随着社会对于创新、实践能力的日益重视，创新教育理念逐渐传播开来。强调培养学生的创新思维、实际动手能力，使教育更贴近社会需求，更有利于学生未来的职业发展。

4. 面对挑战的战略

针对个性化需求的增加，教育机构可以通过深化课程改革、引入个性化学习平台等方式，积极推动个性化教育的发展，确保每个学生都能得到最适合自己发展的教育。

解决教育资源分配不均衡的问题，需要政府加大对农村和欠发达地区的教育投入，建设更多优质学校，配备更多优质教师，确保每个学生都有平等的受教育机会。

改变传统教育观念，需要从制度层面进行改革。要推动教育评价体系的变革，注重培养学生的创新思维和实践能力，建立更加科学、全面的评价体系。

5. 把握机遇的智慧

学校和教育机构应积极引入新技术，将先进的科技手段融入教学中，提高教育的时效性和趣味性，激发学生的学习兴趣。教育者要积极弘扬创新教育理念，将培养学生的创新精神、实践能力作为办学目标，推动学校教育朝着更加开放、灵活的方向发展。为了更好地适应新时代教育的需求，学校应加强对教师的培训和支持，提高他们运用新技术、践行新理念的能力，打造一支高素质、创新型的师资队伍。

挑战与机遇并存，是新时代教育面临的现实。我们要正视教育领域存在的问题，以更加开放的思维和更有创造力的方法，积极应对各种挑战。同时，要深刻认识到新时代为我们带来的机遇，善于抓住机遇。只有在全社会的共同努力下，教育才能迈入一个更加繁荣和进步的新阶段。未来，我们将共同书写教育的新篇章，为培养更多具有创新精神和实践能力的人才而不懈努力。

第二节　智慧教育的概念和意义

随着科技的飞速发展和社会的不断进步，传统教育面临着前所未有的挑战与机遇。在这个充满变革与创新的时代，智慧教育概念的提出标志着教育领域的一场深刻变革。本节将剖析智慧教育的概念与意义，力图为读者描绘智慧教育开启的崭新征程。

智慧教育作为数字化教育的升级版，旨在更全面、更深入地整合先进的科技手段，使其服务于教育全过程。与传统的数字化教育不同，智慧教育强调系统性、智能化，通过对人工智能、大数据分析等前沿技术的应用，将教育从过去的"输入—传递—输出"模式升级为"互动—个性化—创新"的全新范式。

智慧教育不仅仅是一种技术手段的更新，更是教育理念的深刻变革。它可以体现在多个层面，如教育内容的智能化、教育过程的个性化、教育评估的全面化等。通过构建智慧校园、应用智能工具、发展在线教育平台，智慧教育正逐渐呈现出多元化的形态，助推教育朝着更加灵活、智能、开放的方向迈进。

一、智慧教育的概念

智慧教育是指利用现代信息技术和教育理论，将教育与科技相结合，实现教育教学的智能化、个性化、高效化的一种新型教育模式。它旨在通过创新教学方式、提高教学质量、优化教学资源配置，为学生提供更加优质的教育服务。

智慧教育的核心是"智慧"，即利用先进的信息技术手段来提升教育教学的智能化水平。在智慧教育中，教师可以利用各种数字化工具和平台，如在线课程、虚拟实验室、智能辅导等，为学生提供更加个性化、多样化的教学服务。同时，学生也可以通过互联网获取到更多的学习资源和信息，实现自主学习和自我发展。

智慧教育不仅能够提高学生的学习效果和兴趣，还能够促进教师的专业成长和教育教学的持续改进。因此，智慧教育已成为当前全球教育领域的研究热点之一。

二、智慧教育的意义

1. 促进教育公平

智慧教育是利用现代信息技术构建的开放式网络教育，使受教育者的学习不再受时间、空间的限制，保障了学生接受教育的平等性。智慧教育是依托物联网、云计算、无线通信等新一代信息技术打造的一种物联化、智能化、感知化、多媒体化的新型教育形态和教育模式。

2. 提高教育教学的效率和质量

智慧教育可以利用信息技术手段，提高教学效率和教学质量。例如，在线课程和虚拟实验室可以让学生在家中进行自主学习，而智能辅导则可以根据学生的学习情况提供个性化的学习建议和指导，帮助学生更好地掌握知识。

3. 培养学生的自主学习能力和创新能力

智慧教育强调个性化教学和自主学习，可以激发学生的学习兴趣和创造力，培养学生的自主学习能力和创新能力。

4. 优化教育教学资源的配置和管理

智慧教育可以通过数字化手段对教育教学资源进行管理和分配，提高资源利用效率和资源分配的公平性，同时可以降低教育教学成本。

5. 突破传统教育瓶颈

智慧教育是教育现代化和信息化的重要方向之一，可以推动教育体系的改革和升级，促进教育与科技的深度融合，为未来教育的发展奠定基础。传统教育存在着诸多瓶颈，包括教学内容的单一、教学方法的僵化以及对学生个体差异的难以满足等问题。而智慧教育的引入，为突破这些瓶颈提供了新的可能性。

6. 促进教育的创新与升级

智慧教育的核心是利用前沿技术推动教育的创新与升级。通过引入人工智能、大数据分析等技术手段，教育将不再局限于传统的教学范式，而是能够更灵活地适应学生的学习需求，激发学生的学习兴趣，培养学生的创新思维和实践能力。

7. 塑造更全面的人才

智慧教育的目标不仅仅在于传授知识，更在于培养学生的综合素养。在智慧教育的框架下，学生将更多地参与到实际问题解决中，锻炼自身解决问题能力、团队协作能力和创新能力，使自身成为更加全面发展、具备未来竞争力的人才。

总之，智慧教育具有重要的意义，可以帮助学生更好地学习和成长，促进教育教学的持续改进和发展。

第三节 本书的内容安排

作为"创新之都"的深圳，满溢科技魅力，信息技术发展迅猛。那么，其高水平发展的信息技术如何为教育赋能？在信息技术的加持下，又有哪些令人期待的教育变革和创新？福田区教育科学研究院附属小学（以下简称"附小"）开展了生动的信息化育人实践。本书梳理了附小三年来在探索智慧教育路上的所思、所为、所获，为教育同行解密附小如何以智慧教育来撬动学校的内涵发展。

笔者一直将智慧教育当成学校发展的重要引擎，带领附小的教师们从推进课堂改革、建设智慧空间，到推进信息技术与学科深度融合，再到教与学模式的改变，借信息化手段推动学校的现代化教学发展，让学校成为智慧教育名师的摇篮、新型教与学改革的基地、信息化教学研究的平台、智慧教育辐射的中心。本书将从以下几个方面进行阐述。

一、智能环境构建未来学校形态

附小近年来不断升级优化基础设施，构建未来学校形态，营造智能校园环境。积极推进校园信息化硬件建设，建立了千兆宽带并与省、市、区教育网光纤互联，千兆网络信息点全面覆盖教师办公室、教室和功能室，学校实现"班班通"。近年来，在原有的硬件基础上，附小着力推行教育管理数字化，开发了具有附小特色的"掌上附小"教学管理系统，建设了具有附小特色的数字中心机房，实现评价系统云处理、学生学业成绩大数据综合平台分析，优化完善了学校教学资源库，学科资源覆盖率达 90% 以上。基于 5G 技术，附小一方面完善校园安全管控信息化建设，提升校园实时视频监控水平；另一方面，以"5G + 互动教学"推动教育教学模式创新，鼓励跨校区课程协同共享，启用了"自动跟踪录播教室""未来阅览室"等先进的信息化设施。目前附小已实现教育管理数字化应用全覆盖。

二、智能工具赋能课堂混合式教学

附小依托 ClassIn 教学平台开展混合式教学。学校为全体教师配备了一体式的摄像头和麦克风，在每一间教室配备了摄像头和收音设备，保障了未能返校师生及在校师生线上线下教学和学习的同步。利用线上教学平台，教师可以定期将学习资源发送给未返校的学生，并进行直播总结、家校沟通等工作，做好家校共育。为提高在线教学质量，学校建立巡课制度，学校行政坚持每天后台巡课、写记录，带领教师大胆尝试，创新课堂模式，不断优化线上教学的设计。在名师团队的支持下，学校打造了新型教学场景，创新课堂新生态。学生和家长无不对学校线上线下教学结合的部署、实施全程了解，并且主动配合。对学校的课程设置、活动开展，对教师的工作态度、教学方式方法、作业的批改和反馈、教学的效果，以及学生学习的状态，他们都给予了很高的评价，真正做到了教师用心，孩子专心，家长放心。

三、人工智能助推教师专业发展

一是教师课堂行为观测。附小运用"课堂 AI 分析系统"对教师课堂实录进行评测，采集和记录教与学数据进行分析，从而发现、分析、优化教学方式的方法，提升课堂教学的效果，更好地促进学生综合素养的发展。二是学科与信息技术的融合。附小以青年教师"青蓝杯"基本功大赛和骨干教师"红烛杯"教学展示活动为契机，通过课题、公开课、录像课、微课录制等活动，鼓励教师把教学反思与信息化能力进行整合，号召更多教师使用信息技术，激发更多教师利用信息技术手段，在学习空间、教学方式、学习内容和学习方式上实现教学模式的创新。三是双师课堂帮扶建设。附小开展了与新疆喀什、广东东莞等地学校的双师课堂及联合教研活动，两地教师运用信息技术，打破空间隔阂，开启线上双师课堂教学研讨活动。四是人工智能助推网络教研和培训。教师通过线上会议、企业微信等平台进行集体备课、巡课，探索线上教育的规律和方式，大大提高了教研的实效性。

四、"智慧体育共同体"项目辐射引领全国

附小是福田区首批参与中国教育科学研究院重点课题"中国学校体育智慧系统研究"的学校,学校三年来一直坚持致力于智慧体育探索研究,实施青少年健康体能促进与干预方案,并取得了可喜的成绩。2021 年 9 月,附小作为广东省唯一一所小学学校代表荣登 2021 中国教育科学论坛,附小以"'智慧体育'在'双减'背景下的体育与健康教育新思路"为主题,以 AI 赋能体育为特色,进行智能体育教育分享,受到了社会和同行的好评,《中国教育报》《南方都市报》《晶报》《深圳晚报》等五十多家媒体对此作了专题报道。2021 年 12 月,附小校长刘锐娟主持的中国教育科学研究院"中国青少年健康体能研究"课题项目子课题"'双减'背景下对智慧体育校园构建的研究"顺利结题。2022 年 1 月,以附小为牵头单位的"智能体育学生数据分析与教学应用实践共同体"项目荣耀入选教育部"2021 年度教育信息化教学应用实践共同体"项目。附小与各共同体成员探索运用体育智能技术和数据分析,实现课堂教学数据化、学生锻炼数据化、锻炼内容标准化、教学数据可视化,从而优化体育教学活动、提高课堂教学效率,提升学生的体质健康水平。

五、人工智能赋能教师成长案例

"双减"政策顺利实施的这一年,附小的教师们始终自觉提高对"双减"政策的思想认识,积极探索新型教与学模式,在作业设计、学生评价以及家校沟通等方面不断思考与探索,努力实现对学生的个性化学习指导,切实为学生的身心健康全面发展提供更多的时间和空间,培养适应新时代的未来人才,实现义务教育优质均衡的发展。教师们借助信息技术赋能自己的学科教学,创新课堂模式,取得了可喜的成绩,涌现了许多典型案例。教师们立足发展学生各学科的核心素养,探寻传统教学与人工智能教学高度融合新模式、研究跨学科项目式学习方式、思考线上线下教学相融合的路径、探究单一课堂活动与多元化课堂活动方式相结合的方法等,每次讨论、学习、探索、研究、实践都能为教师们带来思维上的变革,教师们在此过程中能够不断提升教学水平和专业能力。

第二章

智能环境构建未来学校形态

智能校园环境是指利用先进的信息技术和智能化技术，将学校的各种设施、设备、资源和服务有机地结合起来，实现高效、便捷、安全、舒适的智能化管理和服务。智能校园环境可以应用于学校的各种场景，如教学管理、学生管理、后勤管理等。智能校园环境对提高教育质量、促进学生发展、增强校园安全性和促进可持续发展等方面具有重要作用。未来学校形态的发展趋势主要包括个性化教育、跨学科教学、在线教育、智能化管理和开放式学习等方面。总之，未来学校形态的发展趋势是多元化、个性化、智能化和开放式的，旨在为学生提供更加优质的教育，为社会培养更加具有创新精神和社会责任感的人才。

随着信息技术和人工智能的迅猛发展，全球范围内教育领域正面临着深刻的变革和转型。传统的教育模式和学校形态逐渐受到挑战，人们对于培养未来人才的方式和手段也提出了更高的要求。在这个背景下，构建智能环境以实现未来学校形态的愿景逐渐引起了广泛关注。以下列举一些主要的背景因素：

第一，信息时代的变革。我们正处于一个知识和信息迅速传播、社会在不断创新和进步的时代。传统的教育方式已经无法满足学生适应这个快速变化的世界的需求，因此人们开始寻求更具活力和适应性的学校形态。

第二，技术的迅猛发展。人工智能、大数据、物联网等新兴技术正在不断演进，为教育提供了新的可能。这些技术能够创造智能化的环境，为教学和学习带来更多创新和便利。

第三，个性化学习的需求。每个学生都有自己的学习节奏、兴趣和潜能，传统的一刀切教育方式已经不再适用。构建智能环境能够实现个性化的学习体验，满足不同学生的需求。

第四，社会对创新人才的需求。随着科技和经济的不断发展，社会对于具有创新能力、创业能力和解决问题能力的人才需求越来越大。未来学校需要培养这类具备未来竞争力和综合素质的人才，智能环境有助于这一培养过程。

第五，教育公平与包容性。传统教育模式可能导致教育资源分配不均，未来学校的构建可以通过智能化手段实现教育公平，为所有学生提供平等的学习机会。

第六，变革教育体制的呼声。教育界一直在呼吁进行教育体制的变革，以适应现代社会的需求。智能环境的构建有助于推动教育的创新和改革。

综上所述，智能环境构建未来学校形态的背景是多方面的，涵盖了技术发展、教育需求、社会变革等多个层面。随着科技的飞速进步，人类社会正在迈入一个全新的时代，信息与知识正成为无处不在的力量，影响着我们的生活、工作和学习。

在这个前所未有的时代背景下，教育作为社会进步和个人发展的关键环节，也必须不断创新、演进，以适应这个充满挑战和机遇的新世界。本章将深入探索极富活力和前瞻性的教育变革方向：构建未来学校的智能环境。在这个未来学校中，技术、创新和人文关怀相互交融，共同塑造了一个富有活力、包容性和智慧的学习生态。

第一节　智能环境与智慧教育

一、智能环境的定义与特点

在科技飞速发展的时代，智能环境作为学习场所的未来愈加受到关注。它不仅是对数字技术的应用，更是一场革命性的转变，它为学习者提供了更加自动化、数字化、互联性和个性化的学习体验。本部分将深入探讨智能环境的定义和其主要特点，旨在为读者呈现未来学习环境的新面貌。

智能环境是指利用先进的技术手段，如人工智能、大数据、物联网等，构建的智能化学习环境。智能环境通过融合先进技术，为学生创造出更为智慧、高效的学习场所。这种环境不仅包括对物理空间的改造，更注重对数字技术的广泛应用，以期实现全方位、个性化的学习支持。智能环境的主要特点，包括自动化、数字化、互联性、个性化等。

1. 自动化

智能环境的核心特点之一是自动化。通过引入人工智能技术，学习环境能够主动感知学生的需求和行为，实现课堂的自动化管理和个性化教学。例如，智能化的教室可以自动调节温度、光线等环境因素，为学生提供更为舒适的学习氛围。

2. 数字化

数字化是智能环境的重要标志。通过大数据技术对学生学习过程中产生的各种数据进行收集、分析和应用。教育者可以基于学生的学习数据，更好地了解他们的学习习惯和需求，有针对性地进行教学设计和干预。

3. 互联性

智能环境注重各个学习要素之间的互联性。物联网技术的应用使学习场所的各个设备能够相互连接，实现信息的共享和交互。例如，在学生使用电子设备学习的同时，教师可以实时获取学生的学习状态，进行即时的指导和反馈。

4. 个性化

个性化是智能环境的追求目标之一。通过人工智能算法，智能环境可以根据学生的兴趣、学科特长、学习进度等因素，为其提供个性化的学习资源和学习路径。每个学生在这个环境中都能够得到更贴合自身需求的学习支持。

总之，智能环境是一种基于先进技术的智能化学习环境，它可以为学生提供更加丰富、灵活、个性化的学习体验，同时可以帮助教师更好地管理课堂和评估学生的表现。

二、智能环境构建未来学校形态的途径

在科技快速融入我们日常生活的今天，教育领域也迎来了一场前所未有的变革。而智能环境的构建，将为学生创造更为丰富、智能的学习体验，为教育提供全新的可能。以下将阐述智能环境构建未来学校形态的途径，为读者描绘智能化教育的迷人画卷。

我们正置身于一个数字化的时代，这个时代赋予了教育更多的可能，同时对教育提出了更高的要求。传统的教学方式逐渐显得滞后，亟待更新和升

级，以更好地适应学生在信息时代的学习需求。数字化时代的到来，不仅意味着信息获取更加便捷，更意味着我们需要培养学生更为综合的能力，包括创新、信息处理、团队协作等能力。而构建智能环境，成为应对这一挑战的关键路径。

智能环境并非简单地将数字技术引入校园，而是一种更为复杂而全面的概念。它涵盖了物联网技术、人工智能、大数据分析等多种先进技术，致力于打造一个能够感知、理解和响应的学习环境。智能教室是智能环境的一个典型体现。在智能教室中，学生与教师可以通过互联设备实现更加高效的互动，教学内容可以更灵活地根据学生的反馈进行调整。此外，智能教室还能通过数据分析提供个性化的学习建议，帮助学生更好地掌握知识。

传统教育往往采用一刀切的方式，忽略了每个学生独特的学习状态和节奏。智能环境的构建使个性化学习成为可能，学生可以根据自身特点和需求进行学习，教师可以真正做到因材施教，激发每个学生的学习潜能。智能环境通过自动化和智能化的手段，可以大幅提升教育的效率。教师可以更专注于与学生的互动，提供更良性的引导，而非受困于烦琐的管理工作。这将直接促使教育过程更加贴近学生需求，提高教学质量。

构建智能环境首先需要具备相应的硬件基础设施。这包括高速网络覆盖、物联网设备的安装、智能终端设备的配置等。只有建立了稳固的基础设施，智能环境才能全面发展。智能环境建设还需要依托先进的教育平台和应用，这些适用于智能环境教学的应用可以涵盖课程设计、学生管理、教学评估等多个方面，全面推动智能化教学的实现。

智能环境的引入需要师生具备相应的操作和应用技能。因此，培训将成为构建智能环境过程中不可或缺的一环。教师需要了解如何利用智能设备更好地进行教学，学生则需要学会利用这些设备进行自主学习。

构建智能环境是教育现代化的必然趋势。未来，随着人工智能、大数据等技术的不断进步，智慧教育将迎来更为广阔的发展空间。智能环境不仅将在课堂中发挥作用，还将渗透到学校的方方面面，为学校的管理、服务等多个方面提供更为智能的解决方案。

智能环境构建未来学校形态的途径，是一个紧扣时代脉搏的命题。在这个数字化、智能化的时代，教育需要不断创新，以更好地满足学生的需求，培养更具创新力的未来人才。通过深入研究智能环境的定义、特点，我们有望更好地把握智慧教育的核心，为未来学校的构建提供有力支持。在这个充满可能性的未来，智慧教育将引领教育事业走向崭新的境地，智能环境构建未来学校形态可以从以下途径着手。

1. 整合数字化教学资源

利用现代信息技术手段，将教材、课件、习题等教学资源进行数字化处理，方便学生随时随地获取和使用。同时，通过大数据技术对学生的学习数据进行分析，为教师提供个性化的教学建议。

2. 配备智能化教室设施

安装传感器、摄像头等设备，实现教室内的自动化管理。例如，自动调节照明、温度、湿度等环境因素；通过人脸识别技术实现考勤管理；利用虚拟现实技术创造沉浸式的学习体验。

3. 引入在线教育平台

在线教育平台为学生提供了更为灵活和便捷的学习途径。学生可以根据自己的时间安排随时随地进行学习，不再受到传统课堂时间和地点的限制。这种灵活性大大提高了学生的学习效率和舒适度。

4. 支持数据驱动的个性化学习

各类智能化教育平台可以通过大数据分析学生的学习行为和表现，为其量身定制学习计划。通过数据驱动的科技手段，平台可以更好地洞察学生的需求，为学生提供更符合其个性化学习路径的资源和服务。

三、智能环境应用方向

以课堂为例，本部分将介绍智能环境如何通过自动化、数字化工具提高教学效率和质量；讨论智能环境如何利用互联性促进师生间的交流和合作，以及如何通过个性化学习路径满足不同学生的学习需求；分析智能环境如何支持教师的教学管理和评估工作，减轻他们的负担。以下是部分智能环境的应用方向。

1. 个性化学习

智能环境可以根据学生的学习进度、兴趣和能力等因素，为其提供定制化的学习路径和资源。这有助于提高学生的学习效果和兴趣，促进其全面发展。

2. 智能化评估

智能环境可以利用大数据和人工智能等技术手段，对学生的学习表现进行全面、准确的评估。这有助于教师更好地了解学生的学习情况，及时发现问题并采取相应的措施。

3. 自动化教学

智能环境可以实现自动化的教学过程，例如自动批改作业、生成报告等。这有助于减轻教师的工作负担，提高教学效率。

4. 互动式教学

智能环境可以实现学生之间的实时互动和交流，促进合作学习和共同进步。例如，学生可以通过网络平台进行在线讨论、共享笔记等。

5. 虚拟教室

智能环境可以为学生提供虚拟的教室环境，例如通过虚拟现实技术模拟实验、参观博物馆等。这有助于拓宽学生的视野，增强其实践能力和创新精神。

总之，智能环境在教育中的应用具有广泛的前景和无限的潜力，它可以帮助学生更好地学习和发展，也可以帮助教师更好地管理和评估学生的表现。

第二节　智能化应用平台的搭建

在这个信息化的时代，教育不再局限于传统的黑板与书本，而是以科技为媒介不断演进。福田教科院附小，一个古色古香的校园，隐藏着令人惊叹的科技硬实力。本节将以这个融合传统与现代、以科技为引领的校园为例，展现其数字化背后的教学创新。

一、古色古香与硬核科技的完美交融

走进附小，仿佛穿越时空，来到了一座古老的庭院。绿萝如瀑，古建筑若隐若现，让人沉浸在传统的文化氛围之中。然而，令人惊喜的是，这座古老的校园却拥有硬核的科技实力。

1. 信息化建设的奠基

附小早早地着力于信息化建设，一座数字中心机房的建设为整个校园的智能化打下了坚实的基础。这个机房集结了各种先进的服务器、网络设备，它们为全校的数字化需求提供了强有力的支持。

2.5G 网络全覆盖的前沿

附小不仅仅停留在传统的网络，还在全校范围内实现了 5G 网络全覆盖。这意味着师生无论身处何处，都能够畅快地享受高速网络带来的便利，将学习进行到底。

二、创新教学空间的构建

在数字化的基础上，附小构建并深入挖掘创新教学空间。通过各种平台和应用的加持，重构了五种创新教学空间（见图 2-1），每一个空间都承载着附小对未来教育的探索和期许。

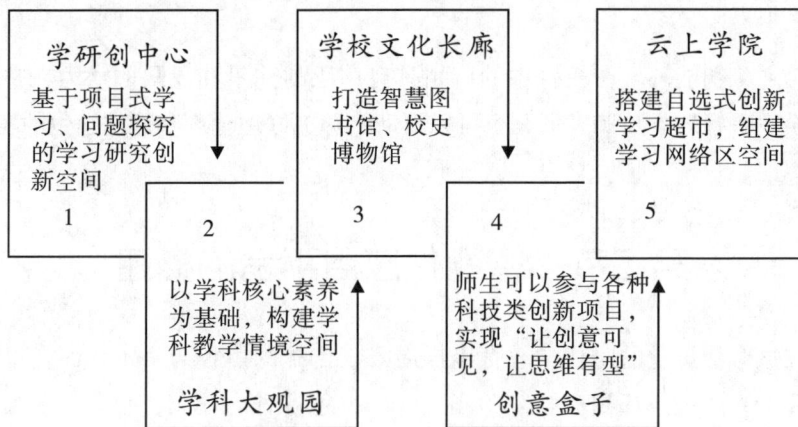

图 2-1　五种创新教学空间

1."学研创中心"：问题探究的乐园

附小的"学研创中心"是一个引领学生进行项目式学习和问题探究的创新空间。学生们在这里不再是被动接受知识，而是主动提出问题、动手解决问题，这培养了他们的实际动手能力和创新精神。

2."学科大观园"：学科核心素养的呈现

以学科核心素养为基础，附小构建了"学科大观园"。这个空间不仅仅是传统的教室，更是一个充满情境的学科教学空间。学生在这里仿佛穿越到各种学科的虚拟场景中，能更深刻地理解学科的核心概念。

3."学校文化长廊"：智慧图书馆与校史博物馆的融合

为了让学生更好地了解学校的历史与文化，附小打造了"学校文化长廊",其中包括智慧图书馆和校史博物馆。智慧图书馆通过数字化手段让学生随时随地获取所需的知识,而校史博物馆则让学生深刻感受学校的传统与发展。

4."创意盒子":科技类创新项目的孵化场

在"创意盒子"中,师生可以参与各种科技类创新项目。这个空间不仅仅是一个实验室,更是一个孵化场,创意在这里迅速生根发芽,实现"让创意可见,让思维有型"。

5."云上学院":自选式创新学习超市

附小搭建了"云上学院",这是一个自选式创新学习超市。师生可以根据自己的兴趣和需求,在这个学习超市中自由选择学习内容,组建学习网络社区空间。这为学生提供了更广泛、更灵活的学习选择。

三、科技驱动下的教育变革

1. 以学生为中心的教学理念

在附小,科技早已经脱离了单纯应用工具的范畴,而是真正融入以学生为中心的教学理念中。学生通过科技工具更主动、更灵活地参与到学习过程中。

2. 教育的数字化呈现

传统的教育往往依赖纸质教材和黑板,而在附小,教育已经实现了数字化呈现。教师可以通过数字平台上传教学资源,学生可以在电子设备上获取所需的学习资料,实现教育资源的共享和高效利用。

3. 提升教学效果的数据支持

在这个数字化的校园中,大量的学习数据借助先进技术被收集和分析。这些数据为教育者提供了更多的信息,使之能够更好地了解学生的学习状态和需求,从而有针对性地进行教学设计和干预,提升教学效果。

附小注重传统与现代的融合,通过创建数字化、智能化的教学空间,为学生提供了更广阔、更灵活的学习场所。科技不仅仅是工具,更是教育的推动器,它塑造了一个以学生为中心、充满创新与探索的学习天地。未来,附小将继续引领教育的变革,用科技为学子们创造更加美好的未来。

四、5G 网络全覆盖

1. 中小学 5G 网络建设的背景

中小学 5G 网络建设的背景涵盖了教育现代化、信息化发展以及科技进步等多方面因素。以下是一些可能的背景因素。

（1）教育现代化需求。随着社会的发展，教育也在不断变革与更新。教学模式不再局限于传统，而是朝着更注重创新、互动以及个性的方向大步迈进。5G 网络凭借快速、稳定、低延迟的连接特性，为教育现代化提供更好的支持。

（2）数字化课程和资源。5G 网络的高速和稳定性可以更好地支持数字化课程和教学资源的传输和交流。学生和教师可以更方便地访问在线教材、多媒体资源、虚拟实验室等。

（3）智能教育工具。5G 网络为智能教育工具的应用创造了条件。例如，虚拟现实（VR）和增强现实（AR）技术可以为学生提供更生动、直观的学习体验，而这些技术都需要高速网络的支持。

（4）远程教育和协作。在不可抗力导致的停课等突发情况下，远程教育和协作变得尤为重要。5G 网络的低延迟和高速特性可以支持实时视频会议、在线课堂等远程学习和协作工具。

（5）STEM 教育。科学、技术、工程和数学（STEM）教育越来越受到重视，而这些领域往往需要复杂的计算和数据传输。5G 网络可以支持更多涉及高性能计算和大数据处理的 STEM 教育项目。

（6）个性化学习。5G 网络可以支持学生进行个性化学习，通过在线评估、数据分析和智能化推荐系统，为每个学生提供符合其需求和兴趣的学习内容。

总体而言，中小学建设 5G 网络是为了更好地适应数字时代的教育需求，提供更丰富、多样化的教学和学习方式，促进教育的现代化和创新发展。

2. 学校 5G 网络建设的过程

学校 5G 网络的建设是一个涉及多个阶段和环节的复杂过程，以下是学校建设 5G 网络的大致过程。

（1）规划和需求分析。在这个阶段，学校需要确定建设 5G 网络的目的和需求。这包括评估学校的网络容量需求、网络覆盖范围、设备数量以及对于 5G 技术的期望。同时，还需要评估预算和资源投入，明确建设的规模和时间

计划。

（2）设计网络架构。在这个阶段，学校需要与专业的网络设计团队合作，制定详细的5G网络架构和拓扑图。这包括确定基站位置、天线设置、网络设备布局以及网络拓扑结构等。网络设计需要考虑到学校内部的地理布局、建筑物结构和网络覆盖需求。

（3）申请和审批。学校需要按照相关法规和规定，向相关政府部门申请5G网络建设许可。这可能涉及频谱分配、环保评估和安全审查等流程，需要与政府部门进行沟通和协调。

（4）建设基础设施。在获得许可后，学校可以开始进行基础设施建设，包括基站的搭建、天线的安装、光纤布线等。同时，需要部署核心网络设备和传输设备，确保整个5G网络的稳定连接和流畅运行。

（5）设备采购和部署。学校需要采购5G基站设备、天线、传输设备、网络交换设备等，并进行设备的安装和配置。这一步需要与设备供应商合作，确保设备的质量和性能符合要求。

（6）测试和调优。在网络建设完成后，需要进行系统测试和性能调优。这包括网络覆盖测试、信号强度测试、网络速度测试等，以确保5G网络的稳定性和可靠性。

（7）启动和运营。一旦5G网络通过测试并调优完毕，学校便可以正式启动5G网络，向学生、教职工和访客提供高速、稳定的网络服务。同时，学校还需要建立网络运维团队，负责监控、维护和升级5G网络。

（8）教育和宣传。学校还可以开展有关5G网络的教育和宣传活动，让师生和家长了解5G网络的优势和应用，鼓励他们充分利用5G网络进行学习、教学和创新活动。

需要注意的是，学校5G网络建设是一个复杂的过程，涉及多方合作和资源投入。在建设过程中，学校需要充分考虑安全、隐私和环保等问题，确保网络的合规性和可持续性。同时，需要紧密跟踪5G技术的发展，及时进行升级和优化，以适应未来的教育需求。

3. 5G网络建设的成果与影响

经过一年多的建设，附小实现了每间教师办公室、教室和功能室都覆盖有千兆网络，不仅实现了"班班通"，还与省、市、区教育网光纤相互联通。

近年来，在原有的硬件基础上，附小又着力推行教育管理数字化，开发具有自身特色的"掌上附小"教学管理系统，建设具有附小特色的数字中心机房，实现评价系统云处理，学生学业成绩大数据综合平台分析。学校还优化完善了教学资源库，学科资源覆盖率达 90% 以上，大大充实了知识的"储粮仓"。

5G 网络时代到来，如何将其运用到学校管理中？一方面，附小利用 5G 网络，将视频监控与机器人相结合，实现 24 小时不间断巡逻；另一方面，附小以"5G ＋ 互动教学"推动教育教学模式创新，启用"自动跟踪录播教室""未来阅览室"等先进的信息化设施，鼓励跨校区课程协同共享。目前，附小已实现教育管理数字化应用全覆盖。5G 网络在小学教育领域的应用将带来许多创新和变革，并将提升教学效果和学校管理的便捷性。以下是一些 5G 网络可能的应用场景。

（1）远程教学和视频课程。5G 网络支持高清、流畅的视频传输，学校可以开设远程教学课程，教师可以在不同地点开展课堂，扩展教育资源的覆盖范围。

（2）移动学习和个性化教学。学生可以通过 5G 网络随时随地进行移动学习，教师可以根据学生的兴趣和能力进行个性化教学，提供定制化的学习资源和支持。

（3）实时互动和在线讨论。利用 5G 网络，教师和学生可以进行实时的互动和在线讨论，促进课堂参与和思想交流，增强学习效果。

（4）教育资源共享和开放课程。学校可以通过 5G 网络将教育资源、教案、课件等进行共享，提高开放课程和教育资源的利用率。

（5）数字化作业和评估。学生可以通过 5G 网络提交数字化作业，教师可以及时进行批改和评估，为学生提供个性化的反馈和建议。

（6）校园安全和监控。5G 网络可以支持高清视频监控，提升校园安全管理的效果，保障学生的安全。

（7）智能化校园管理。利用 5G 网络，学校可以构建智能化的校园管理系统，实现设备、设施的远程监控和管理。

（8）教师培训和专业发展。通过 5G 网络，教师可以参与在线培训和专业发展课程，不受地域限制，提升教育教学水平。

需要注意的是，引入 5G 网络需要考虑网络安全、隐私保护和资源分配等问题，也需要合理规划和管理，确保对其的有效应用。综合利用 5G 网络的各项优势，可以为小学教育带来更多创新和便利，提升学生的学习体验和教学质量。

五、"掌上附小"实现一体化管理

1. 小学一体化管理平台的开发背景和意义

随着信息技术的飞速发展和教育的深入改革，小学教育面临着新的机遇和挑战。传统的管理方式已经难以满足学校管理和教育教学的需求，因此需要建立一体化管理平台来整合各项管理工作，实现高效、便捷、智能化的学校管理。以下是小学一体化管理平台建设的背景。

（1）教育信息化趋势。当今社会信息化程度日益提高，教育信息化已成为教育改革的重要方向。建设一体化管理平台可以实现信息的集成和共享，提高学校的信息化水平。

（2）教育管理复杂性增加。小学教育涉及教学、学生管理、教师管理、课程安排、家校沟通等多个方面，管理工作十分复杂。一体化管理平台能够帮助学校整合各项管理工作，提高管理效率。

（3）教学个性化需求增加。学生在学习兴趣、学习进度等方面存在差异，需要个性化的教育。一体化管理平台可以支持个性化教学，根据学生的需求和表现调整教学计划。

（4）家校合作强化。家校合作是学校教育的重要环节。一体化管理平台可以为家长与学校提供及时沟通的平台，促进家校合作，更好地支持学生的全面发展。

（5）数据驱动决策。传统的教育决策往往依赖于经验和直觉，而数据驱动决策强调以数据为基础，通过收集、分析和解读大量教育数据，揭示教育现象的本质和规律，为决策者提供有力的依据。一体化管理平台则可以为学校提供数据支持，不仅能够提高决策的准确性和效率，还能够更好地适应学生个性化学习的需求，推动教育教学的持续改进和优化。

（6）教育资源共享。在全球化和信息化浪潮下，教育资源共享是推动教育公平、提升教育质量的重要途径。互联网的普及与数字教育资源的丰富，让人们能便捷获取优质教育资源，打破时空限制；同时，教育资源共享也是实现教育均衡发展的关键，有助于缩小地区、学校间的教育差距，提升整体教育水平。而一体化管理平台则可以更好助力教育资源共享，提升教育资源的获得效率。

小学一体化管理平台建设具有重要的意义，它对于学校的管理、教学、家校合作以及学生发展等方面都有积极影响。以下是小学一体化管理平台建设的主要意义。

（1）提高管理效率。一体化管理平台可以集成各项管理流程，包括学生信息管理、教师管理、课程安排、考勤管理等，减少冗余工作，提高学校管理的效率和准确性。

（2）个性化教学。一体化管理平台可以根据学生的兴趣、能力和学习情况，提供个性化的教学计划和资源，帮助教师更好地满足学生的学习需求，提升教学效果。

（3）促进家校合作。通过一体化管理平台，家长可以实时了解学生的学习情况、考试成绩等信息，促进家校沟通和合作，共同关注学生的发展。

（4）数据支持决策。一体化管理平台可以收集和分析学生的学习数据和教师的教学数据，为学校领导提供决策支持，帮助学校制定更科学和精准的发展战略。

（5）资源共享与创新。一体化管理平台可以整合教育资源，包括教案、教材、教学视频等，为教师提供更多优质的教育资源参考，促进教育创新。

（6）学生全面发展。通过个性化教学和综合素质评价，一体化管理平台有助于培养学生的科学精神、实践创新等综合素质，促进学生全面发展。

（7）提升教育质量。通过优化管理流程、改进教学方法和加强家校合作，一体化管理平台有助于提升学校整体教育质量。

（8）适应现代教育趋势。教育正朝着信息化、个性化、创新化的方向发展，一体化管理平台能够帮助学校更好地适应并引领这些教育趋势。

（9）提高竞争力。拥有先进的一体化管理平台可以提升学校的整体竞争力，吸引更多优秀的学生和教师。

（10）适应未来教育发展。一体化管理平台不仅能满足当前教育的需求，还能为学校未来的发展提供强有力的支持，帮助学校持续适应不断变化的教育环境和需求。

综上所述，小学一体化管理平台建设的意义在于推动学校管理和教育教学的现代化，促进学生全面发展，加强家校合作，提升教育质量，以及适应未来教育发展。

2. 学校一体化管理平台的建设过程

学校一体化管理平台的建设是一个复杂的过程，涵盖了多个阶段和环节。下面是一般性的学校一体化管理平台建设过程的概述。

（1）需求分析阶段。

确定学校的管理需求：收集学校各个方面的管理需求，包括教学管理、学生管理、教职工管理、资源管理等。

制定详细的功能需求：将学校需求转化为具体的功能模块和特性，明确平台的基本功能和高级功能。

（2）系统设计阶段。

架构设计：设计平台的整体架构，包括前端、后端、数据库等组成部分的结构和关系。

数据库设计：设计平台所需的数据库结构，包括表的设计、关系建立和数据存储方案。

用户界面设计：设计平台的用户界面，需要考虑用户友好性和平台易用性。

（3）开发阶段。

前端开发：根据设计，开发用户界面，实现用户交互和数据展示功能。

后端开发：开发平台的核心逻辑和功能，处理前端的请求并实现与数据库交互。

数据库开发：实现数据库的创建、数据存取和管理功能。

（4）测试阶段。

单元测试：对各个模块进行单独测试，验证其功能的正确性。

集成测试：将各个模块整合，测试它们同时工作的效果。

系统测试：对整个系统进行综合性测试，检测平台的性能和稳定性。

（5）部署与上线阶段。

部署服务器和环境：将开发好的系统部署到服务器上，配置必要的环境。

数据迁移：将测试阶段的数据迁移到正式环境中。

上线发布：将平台发布到实际使用环境，供学校教职工使用。

（6）维护与优化阶段。

监控和维护：定期监控平台的运行状态，及时处理问题和漏洞。

功能优化：根据用户的反馈和需求，持续优化平台的功能。

安全更新：定期更新系统和组件，确保平台的安全性。

（7）培训与支持阶段。

培训用户：为学校教职工提供与平台相关的培训，确保他们能够熟练使用系统。

技术支持：提供技术支持，解决用户在使用过程中遇到的问题。

（8）持续改进阶段。

收集反馈：定期收集用户反馈和建议，了解平台的问题和改进点。

需要注意的是，学校一体化管理平台的开发过程可能会因学校规模、需求复杂程度以及技术选择等因素而有所不同。一个成功的平台开发过程需要有明确的计划、合理的资源配置、紧密的团队协作以及持续的关注和维护。

3. "掌上附小"的主要功能介绍

随着信息技术的飞速发展和教育的深入改革，学校面临着新的机遇和挑战。因此，附小开发了"掌上附小"这一综合性的信息管理系统，旨在为学校提供全面的管理和运营支持，提升学校管理的效率、透明度和协作性，同时促进教育质量的提升。其功能包括学生信息管理、教师管理、课程管理、考务管理等多个模块，涵盖了学校管理的各个方面，以下是其主要功能介绍。

（1）学生信息管理。学生信息管理模块是学校一体化管理平台的重要模块之一，旨在帮助学校有效地记录、存储和管理学生的各种信息。学校可以通过学生信息管理功能创建每个学生的电子档案，包括基本信息（姓名、性别、出生日期等）、家庭信息、紧急联系人等。"掌上附小"还可以提供完善的学籍管理、课程与成绩管理、奖励与惩罚记录、健康信息管理、个性化信息记录等。通过学生信息管理功能，学校能够更好地了解学生的情况，更有效地进行学生管理，提高学校管理的效率和透明度，为学生提供全方位的教育服务。

（2）教师管理。教师管理模块是学校一体化管理平台的重要模块之一，旨在支持学校对教师的信息、教学资源以及教学活动进行有效的管理和协调。"掌上附小"提供了丰富的教师管理服务，帮助老师完成课程分配与管理、教学资源共享、课程评估与改进、考勤与请假、教学计划制订、培训与发展、教学活动组织、数据分析与报表等。教师可以通过系统与同事和管理层进行交流和互动，这能促进教师之间的协作。综合来说，教师管理系统有助于学校更好地管理和协调教师的工作，提高教学质量，促进教师之间的合作和信息共享。

（3）课程管理。学校课程管理模块是一个用于规划、组织和管理学校课程的综合性模块，旨在帮助学校更有效地管理课程信息、安排课程表、跟踪教学进度以及协调教师和学生之间的教学活动。其主要功能有课程计划制订、课程信息管理、课程表安排、教材管理、教学进度跟踪、资源共享与上传、

课程统计与分析、跨学科课程管理、教师协作与安排、权限管理与数据安全等。综合来看，学校课程管理系统能够帮助学校实现更高效、透明和协调的课程管理，从而提升教学质量和学生满意度。

（4）考务管理。考务管理模块是用于规划、组织和管理考试过程的重要模块。其主要功能有考试计划制订、考试安排与编排、考生名单管理、考试通知与准考证生成、监考安排与管理、考试成绩管理、考试报表与分析、考试反馈与改进等。总体而言，考务管理系统能帮助学校高效、有序地组织和管理考试，保障考试的公平性和考试结果的准确性。

（5）成绩管理。成绩管理是用于记录、统计和管理学生在各类考试和评估中的成绩情况的重要模块。成绩管理模块中常见的功能有成绩录入、成绩统计与分析、成绩查询与展示、成绩报告生成、课程成绩关联、成绩趋势分析、班级与学科成绩分析、成绩导出与打印、奖励与处分关联等。总体来说，成绩管理系统帮助学校高效地管理学生成绩信息，为教师、学生和家长提供及时准确的成绩数据，并为学校的评估、改进和决策提供支持。

（6）班级管理。班级管理模块是可以有效管理班级内教学、学生和教师活动的模块。这种功能通过集成各种功能模块，帮助学校和老师更好地组织和协调班级内的事务，提高教学效率和学生管理水平。班级管理模块中的主要功能有班级信息管理、学生管理、课表安排、家长联系与沟通、班级成绩管理、作业和考试安排、班级通知与公告、班级活动管理、数据统计与分析、班级文化建设、班级值日与管理等。班级管理系统可以根据学校的需求定制功能，从而更好地服务于学生、教师和家长，促进班级教育的有效运行。

（7）校园活动管理。校园活动管理模块是用于规划、组织和管理各类校园活动的功能模块。这个模块可以帮助学校更有效地策划、宣传、协调和执行校园活动，提升学生活动参与度和校园文化建设。校园活动管理模块的主要功能有活动发布与宣传、报名与注册、活动日程安排、活动参与管理、活动资源管理、活动通知与提醒、活动评价与反馈、活动统计与分析、活动文化建设、活动照片和视频展示、活动策划与审批等。综合来看，校园活动管理系统有助于学校更好地规划、组织和管理各类校园活动，促进校园文化建设和学生活动参与度的提升。

（8）资源管理。资源管理模块是用于有效规划、分配和管理学校内各类资源的功能模块。这个模块旨在帮助学校更好地管理人力、物力、财力等资源，提高资源利用效率和学校管理水平。学校资源管理模块的常见功能有教室和设备管理、财务和预算管理、资源调配和调剂、教学资源共享与查询等。总体来说，资源管理系统有助于学校更有效地规划和管理各类资源，提高资源的利用效率和学校管理水平，其功能可以根据学校的需求进行定制。

（9）家校互动。家校互动模块旨在促进学校、教师和家长之间的有效沟通和合作，以更好地支持学生的学习和发展。这些功能旨在建立更紧密的家校关系，确保家长了解学生在学校的情况，同时让学校和教师更好地了解学生在家庭环境中的学习情况。家校互动模块的主要功能有家长通知与消息、学生成绩和表现反馈、作业和课程信息、家长会安排与预约、学校活动信息、在线沟通平台、学生出勤和请假信息、家校合作计划、家庭作业监督、家庭教育资源、家长反馈与意见收集等。通过家校互动系统，学校可以建立积极的家校合作关系，促进学生全面发展，提高学校的教育质量。

总之，学校一体化管理平台旨在集成学校内部各个方面的管理需求，通过数字化手段提升学校管理的效率、透明度和协作性。

4. "掌上附小"的应用产生的影响

"掌上附小"整合了多个功能模块，包括学生信息管理、课程管理、教师管理、考务管理、家校互动等，为学校内外的不同参与者提供了全面的支持。"掌上附小"在学校管理效率、数据驱动决策、教学质量、家校合作、资源优化和节约、校园安全、信息透明度、时间管理等方面发挥了重要作用，对学校、教师、学生和家长都产生了很多积极的影响，推动了学校的现代化发展。

"掌上附小"的应用让学校实现一体化管理，帮助学校更高效地管理各项事务，如学生信息、课程安排、考务管理等，从而提升学校的管理效率。"掌上附小"可以生成各类报表和统计数据，客观呈现学校运行情况和学生表现，帮助学校领导作出更有根据的决策。在"掌上附小"的加持下，学校可以更好地进行资源分配，优化人力、教室、设备等资源的使用，提高资源利用效率。其家校互动功能还可以促进学校与家长的沟通合作，增进家校关系，从而实现家校共同关注学生的成长。

"掌上附小"为教师提供了课程管理、成绩录入、作业发布等功能，帮助教师更好地组织教学活动，监控学生学习进展。教师可以通过平台查看课程安排、考试时间表等，更好地安排教学和备课时间。平台可以让教师了解学生的个人状态、学习情况等，为个性化教学提供支持。通过平台，教师可以与家长进行即时互动，分享学生的表现，加强家校合作。

学校坚持以学生为中心的理念，将学生置于教育的核心地位，将其个体特点、需求和发展作为教育活动的重要考量因素。"掌上附小"可以满足每个学生的成长和发展需求，学生通过系统可以查看课程表、作业、考试时间等信息，更好地制订学习计划；可以查看自己的考试成绩、学分情况，了解自己的学习进展；可以与老师、同学、家长交流，提出问题，分享学习经验；还可以了解和报名参加学校举办的各类活动。

"掌上附小"搭建了一座家长、学生与学校沟通的桥梁，家长可以通过系统查看孩子的成绩、作业、课程表等，了解孩子的学习情况；还可以获取学校内活动、通知等信息，参与学校生活。平台的家校互动功能可以让家长与教师实时交流，了解孩子在学校的表现，助力孩子的发展。

综合来看，"掌上附小"的应用对各方面都有积极影响，有助于提升学校管理的效率，改善教学质量，促进学生全面发展，加强家校合作，从而构建更加健康、有序的学校生态。

六、多元智慧的"上善少年"评价系统

"上善少年"系统是学校多元评价系统，旨在全面、客观评估学生综合素养，适应教育改革对综合素质人才培养的要求，突破传统应试评价的局限。其核心架构包括趣味化综合评价积分币与发币机制。积分币分为善德、善学、善体、善美、善行币，分别对应不同素养维度。每种积分币都有明确的积分与财富值规则，并且可循环使用。发币由多学科老师负责，依据学生表现按科目、课时、身份确定种类和数量，确保公平合理。在校园落地过程中，学校明确引进目标与需求，经市场调研选定并定制集成系统。随后组织师生、家长培训并推广系统，小范围试运行系统、收集反馈并优化系统，系统正式上线后持续改进并分享经验。调研结果表明该系统对学校、教师、学生和家长均产生积极影响。学校借此衡量教育质量、调整目标；教师借此能全面了解学生，提供精准指导；学生借此可认知自我、规划发展；家长借此能更好支持孩子成长，与学校充分沟通。

1. 学校多元评价系统应用的背景和意义

随着我国社会经济的不断发展，社会对人才的需求越来越强调创新、实践和团队合作等综合素质，教育需要培养更具综合素质的人才来适应和推动社会的发展。传统的应试教育容易造成教育资源的不均衡分布，而素质教育强调发展每个学生的多元潜能，这有助于弥补不同学生之间的差距。家长和

社会对教育的期望不再局限于学术成绩，而是更希望学生能够在多个领域全面发展，有更强的适应能力。在全球化背景下，国际竞争日益激烈。培养具备创新能力、领导能力和国际视野的综合型人才对我国在国际竞争中的地位具有重要意义。我国提出了以"素质教育为核心"的教育改革目标，倡导培养"德智体美劳全面发展"的人才，这要求教育体制做出转变。科技的迅速发展对人才提出更高的要求，社会需要培养具备创新思维、信息获取和处理能力的综合型人才。传统的应试评价方式容易导致功利性教育，而素质教育强调多元评价，能更全面地了解学生的综合素质。

我国素质教育的推进经历了多个阶段的发展和变革，以下是主要阶段和里程碑事件：20世纪80年代末至90年代初，我国开始试图超越单一的应试教育，探索培养学生综合素质的教育模式；1986年，《中华人民共和国义务教育法》提出要实施"德智体美全面发展教育"，为我国素质教育奠定了基础；20世纪90年代，我国教育逐渐强调培养学生的创新精神和实践能力；1999年，提出了"素质教育为核心"的教育改革目标，强调以素质教育促进学生全面发展；2001年，发布《基础教育课程改革纲要（试行）》，明确了培养学生社会责任感、创新精神、实践能力等素质目标；2009年，发布《国家中长期教育改革和发展规划纲要（2010—2020年)》，提出加强素质教育，促进学生全面发展；2013年，提出"创新、创业、创造"的教育理念，强调培养学生的创新能力；2018年9月10日，习近平总书记在全国教育大会上强调，我国的教育必须把培养社会主义建设者和接班人作为根本任务，此后，党中央决定将劳动教育纳入社会主义建设者和接班人的培养要求体系，提出"德智体美劳全面发展"的总体要求；2020年，中共中央、国务院印发《深化新时代教育评价改革总体方案》，提出"完善综合素质评价体系"，要求强化过程性评价，关注学生社会责任感、创新精神和实践能力，推动从"唯分数"评价模式转向全面评价。

这些阶段性的政策文件和改革措施反映了我国在不同时期对素质教育的重视和推动。素质教育的推进是一个逐步完善的过程，不仅涵盖了教育理念的转变，也包括了教育体制和评价方式的改革。

而学校多元评价系统正是一个综合性的评价体系，旨在全面、客观地评估学生在各个领域的综合素养和能力，超越传统考试成绩的单一性评价，可以更加准确地反映学生的发展情况。这一评价系统应用具有重要的背景。

（1）综合素质教育的推动。当前，全球内都在推动从传统的知识传授教育转向综合素质教育。学校需要培养学生的创新、沟通、合作、解决问题等多方面能力，这就需要一种更全面的评价方法。

（2）个性化发展需求。学生在不同领域具有各自的优势和兴趣，传统的单一标准评价无法准确衡量个体差异，多元评价系统可以更好地满足学生个性化发展的需求。

（3）职业素养的重要性。现代社会对于职业素养的要求越来越高，这包括与学科知识相关的技能，也包括创新、领导、人际关系等方面的素养。多元评价系统有助于评估这些职业素养。

学校多元评价系统应用的意义如下。

（1）全面评价学生发展。多元评价系统可以综合考查学生的学习成绩、创新能力、领导能力、团队合作能力等多个方面，更准确地反映学生的整体发展情况。

（2）促进优质教学。多元评价系统强调学生的综合素养，这将促使教师关注学生的全面发展，从而推动教学方法的创新和优化。

（3）激发学生积极性。传统的考试评价可能会导致学生产生应试心态，而多元评价系统可以鼓励学生积极参与各种综合活动，激发他们的学习兴趣和培养他们的自主学习能力。

（4）发现和培养人才。多元评价系统有助于发现学生在不同领域的优势和潜力，为学校提供更多的人才资源信息。

（5）满足社会需求。现代社会需要具备多方面能力的人才，多元评价系统可以更好地培养符合社会需求的人才。

总的来说，学校多元评价系统的应用在推动教育改革、提升学生素质和满足社会发展需求等方面具有重要的意义。它有助于打破传统评价的局限性，更好地适应现代社会和未来的教育挑战。

2. 学校多元评价系统的引进过程

学校引进多元评价系统是一个涉及多方合作、需求分析和技术落地的过程。以下是学校引进多元评价系统的一般步骤。

（1）明确引进目标和需求。

学校确定引进多元评价系统的目标，例如提升教学质量、促进学生全面发展等。

确定学校的具体需求，包括评价的领域、维度、考核标准等。

（2）调研和选型。

通过市场调研，了解不同多元评价系统的特点、功能和性能。

选择适合学校需求的多元评价系统，可以考虑咨询专业机构、与其他学校交流经验等。

（3）制订引进计划。

制订详细的引进计划，包括时间表、资源配置、人员培训等。

确定引进的阶段性目标和衡量标准，以便后续的评估和改进。

（4）合作与购买。

与多元评价系统的供应商进行合作，洽谈购买或定制开发相关事宜。

确定技术支持、培训和维护等方面的合作细节。

（5）系统定制与集成。

针对学校的具体需求，对多元评价系统进行定制和配置，确保系统能适应学校的实际情况。

将多元评价系统与学校现有的教务管理系统、学生信息系统等进行集成，实现数据的互通。

（6）培训与推广。

组织教师和管理人员进行培训，使其熟悉多元评价系统的使用和操作。

向学生、家长等相关人员推广系统，提高系统使用率并优化使用效果。

（7）试运行与反馈。

在一定的范围内进行试运行系统，收集用户的反馈和意见。

根据试运行的结果，对系统进行必要的调整和优化。

（8）正式上线与推广。

在试运行阶段结束后，正式推出多元评价系统，全面应用于学校的教学和管理活动。

加强宣传和推广，确保各方都了解并积极使用多元评价系统。

（9）持续改进与发展。

定期评估多元评价系统的效果，与目标进行对比，收集数据进行分析。

根据评估结果，持续进行对系统的改进和优化，保持系统的活力和适应性。

（10）分享经验和交流。

学校可以将引进多元评价系统的经验分享给其他学校，推动更广泛的教育改革。

学校可以参与相关的教育研讨会、会议等，与其他学校、专家共同交流多元评价系统的实践和效果。

学校引进多元评价系统需要有明确的目标、充足的资源投入和合作支持，同时要与学校的教育理念及实际情况相结合，确保系统的成功应用及对学生的综合发展产生积极影响。

3. 学校多元评价系统介绍

"趣味德育"是多元评价系统的主体，其充分利用游戏的趣味性激发学生参与的积极性，让学生在游戏中践行道德行为，学会遵守规则与承担后果，学会自处与互助合作；让学生在游戏中唤醒自我意识，并通过自我意识内发地持续促进自我道德发展。这一系统旨在解决传统德育活动中学生主体性与主动性缺失，德育活动制度化和形式化，以及德育活动目标发展与享乐心态对立等问题。

（1）趣味化综合评价积分币分值说明（见表2－1）。

表2－1　积分币分值说明表

种类	内容	积分	财富值	说明
善德币	社会责任，国家认同，开放包容，积极进取，生命感悟	1	1	a. 积分：即对应学生个人综合素养维度（德、智、体、美、劳）的积分。学生获得积分币后可以给对应维度积分进行充值。维度积分只会增加，不会减少 b. 财富值：即学生获得积分币后兑换获得的财富值，财富值可因为学生获得奖励、受到惩罚或兑换奖品而增加或减少。财富值可充当学校货币，用于兑换奖品 c. 所有币都可重复循环使用 d. 积分累加到维度后，不作增加或扣除
善学币	学会学习：乐学善学，勤于反思，信息意识，保持好奇，觉察认知 科学精神：理性思维，批判质疑，勇于探究，自主决策，尝试创新	1	1	
善体币	珍爱生命，健全人格，自我管理，身心和谐，运动技能	1	1	
善美币	人文积淀，人文情怀，审美情趣，探究视觉，艺术设计	1	1	
善行币	劳动意识，问题解决，技术运用，生活技能，生涯体验	1	1	

（2）发币说明（见表 2-2）。

表 2-2　发币说明表

种类	发币指南	发币人
善德币	主要是对学生品质和道德、语言和行为的奖励	班主任，道法、心理、相关社团教师
善学币	主要是对学生学习方面的奖励	语数英、史地生、科学、信息、相关社团教师
善体币	主要是对学生体育、心理方面的奖励	体育、形体、相关社团教师
善美币	主要是对学生才艺、创新方面的奖励	音乐、美术、书法、相关社团教师
善行币	主要是对学生劳动实践方面的奖励	班主任、劳动课教师

（3）发币数量说明。

尽量实现每节课能发出 5～10 枚积分币，一个月至少发出 600 枚币，严格按照课时发币，不随意增加或减少。根据科目、课时、身份不同，教师所持币的种类和数量都不同（即科目和身份决定种类，课时决定数量）。积分币发放细则见表 2-3。

表 2-3　积分币发放细则

种类	一级指标	二级指标：发币具体场景
善德币	社会责任 国家认同 开放包容 积极进取 生命感悟	1. 文明有礼，尊敬师长：遵守班级和学校纪律，主动向老师问好 2. 团结互助，关心他人：与同学和睦相处，不故意引起冲突；积极参与班级活动；不加入校园欺凌队伍，主动帮助受排挤、受欺负的同学，向老师寻求帮助；乐于助人，主动帮助老师同学；积极参与班级活动；积极参与班级管理，表现良好 3. 热爱祖国，遵纪守法：升国旗时向国旗敬礼并唱国歌；尊敬国旗、国徽，维护祖国尊严；上下楼梯靠右行；不在楼梯间追逐打闹，不吵闹；相信科学，不参加迷信活动 4. 保护环境，热心公益：保持着装的得体整洁；保持个人卫生；桌面和抽屉内干净整洁，不堆放与学校生活无关的物品；认真完成值日；带头示范，带领同学维持教室的整洁；讲究公共卫生，保持市容整洁 5. 拾金不昧，遵守公德：在日常琐事中践行美德，不为利益所动摇；保护名胜古迹、珍贵文物；爱护珍贵和有益的动物，保护树木、庄稼；爱护公共财产

（续上表）

种类	一级指标	二级指标：发币具体场景
善学币	学会学习（乐学善思、勤于反思、信息意识、保持好奇、觉察认知）科学精神（理性思维、批判质疑、勇于探究、自主决策、尝试创新）	1. 作业完成：认真完成作业，包括听写、默写等任务 2. 课堂表现：上课积极发言回答问题；课堂认真听讲；早读、午读表现良好 3. 考试成绩：连续几次小测成绩优异；单元测试或模拟考试取得优异成绩 4. 班级获奖：积极参加班级的比赛（如演讲、作文、科学、数学等）并获奖 5. 阅读背诵：积极阅读课外书籍；积极完成背诵任务
善体币	珍爱生命健全人格自我管理身心和谐运动技能	1. 体育运动：平时坚持体育锻炼；积极参与体育运动等活动；积极参与体育比赛项目等；在运动会期间表现良好 2. 参赛获奖：积极参与体育比赛，获得体育赛事相关的奖项 3. 出操表现：积极参加广播体操、武术操、跳绳等，精神面貌佳，跟紧队伍；积极带领，起示范作用 4. 体育抽测：认真完成体育抽测任务；取得良好成绩 5. 发展特长：积极发展体育特长，学习运动知识 6. 社团表现：参与积极体育社团，表现良好
善美币	人文积淀人文情怀审美情趣探究视觉艺术设计	1. 课堂表现：在音乐课上听从老师安排，认真参与课堂；在美术课上听从老师安排，认真参与课堂 2. 参赛获奖：积极参加美术、音乐等比赛并获奖 3. 作品展示：校艺术节作品展示；校园内作品在公共栏上展示 4. 板画板报：班级板报制作美观；个人手抄报制作美观 5. 文艺汇演：积极认真参加节目表演和排练；在学校举行的文艺汇演中表现良好 6. 社团表现：积极参与艺术社团，表现良好
善行币	劳动意识问题解决技术运用生活技能生活体验	1. 卫生打扫：积极参与班级校园卫生打扫，平时注意个人卫生 2. 参赛获奖：积极参与主持人、升旗手、校园广播台等比赛；获得学生工作相关的奖项 3. 家庭服务：积极帮忙完成家务且完成良好 4. 热心公益，关心长辈：积极参与志愿活动，帮助有需要的人；去社区养老院看望老人，与老人沟通，关心老人

（4）积分币发放细则补充。

①积分币统一由大队部进行发放，每个月针对不同班级配送给各办公室、各科组教师。

②班级之间的积分币平衡由教师自我调节。班主任、教师应制定各自特色的积分币奖励制度，如积累小红花、小卡片等兑换积分币。

③班主任要关注获得积分总数过低的学生，放大这些孩子的优点，进行特别表彰。这是尊重差异性原则的特别措施，班主任要用积分币为积分少的学生雪中送炭，从而促进学生综合素养的发展。

④考虑到评价的多元性，积分币评价内容不能只与学习成绩、特长获奖挂钩。系统设置考试积分制度，学校平台导入各类活动成绩后，依照具体情况自动对学生进行积分和财富值的奖励。后台也会记录学生获得奖励的缘由。

⑤为体现班级集体荣誉感，评价结合学校德育评比，凡获得一个"优秀班级"荣誉，该班所有学生每人自动增加一定的积分和财富值。

⑥针对获得校级以上比赛荣誉的学生及班级，可专门制定特殊的积分制度。这一制度可整理成文档后导入系统，备注奖励原因等，同时不影响线下颁布奖状、奖杯等具有仪式感的鼓励方式。

（5）积分币评价体系。

一年级至毕业年级上学期的评价如下：

①上述积分币评价体系在一年级开始，至毕业年级上学期结束。

②荣誉是孩子的隐私，除获学校正式表彰外，班主任对学生所获积分币数量不予公开，更不能在学生之间排名。允许学生之间自我比较，但不允许在校园公开发布学生荣誉的排名。

③积分币只用于学生成长过程的评价，不与学校其他荣誉评比挂钩。

④积分币由学生自行管理，丢失的原则上不补。确实有特殊情况，在丢失一个月内，由学生填写申请书，经家长、班主任签字后，到大队部领取相应的积分币。一年内第二次丢失积分币的学生，不再予以补办，特殊情况报告校长酌情处理。

⑤积分币都要回收以循环使用，班主任要提醒学生及时兑换。确实喜欢积分币希望收藏的，报班主任批准后可以少量收藏。

⑥期末多余的积分币不可转入下学期使用。

⑦不允许同学之间互赠积分币，凡发现后，班主任给予说明"荣誉不能赠送"的原则，要求学生退还赠品，但不作处罚。禁止私拿、买卖积分币。

凡出现私拿积分币者，一经发现，归还私拿的积分币后，由班主任进行批评教育。凡出现买卖积分币者，一经发现，由班主任没收买卖的积分币，并进行批评教育。凡私拿、买卖情节严重者，由班主任报大队部共同决定，酌情给予扣除一定积分或者其他的惩罚措施。

4. 学校引进多元评价系统的影响

"上善少年"评价系统能够让教育者全面了解学生的各个方面，帮助学校更好地衡量教育质量和学生综合素质。学校可以根据素质评价结果调整教育目标，更有针对性地培养学生的综合素质和能力。基于学生的素质评价，学校可以提供更个性化的教育和支持，满足不同学生的需求。

教师可以从多个角度评价学生，不局限于学习成绩，而是更全面地了解学生的能力和素质，根据素质评价进一步了解他们的优势和不足，提供针对性的指导和支持，实现更好的教学效果。教师还可以发现学生在不同领域的潜力和特长，鼓励他们在自己的兴趣领域发展。

学生通过素质评价能了解自己的优势和不足，促进自我认知和制订发展规划，设定基于素质评价的发展目标，激发自我积极向上的学习动力。除此之外，学生还可以依据素质评价选择不同领域发展，培养综合素质和能力，更好地应对未来挑战。

家长通过素质评价能了解孩子各方面的发展情况，更好地支持他们的成长。素质评价还能促进家校之间的沟通和互动，家长可以参与评价，共同关注学生的综合发展。

综上所述，素质评价体系在多个层面上为学校、教师、学生和家长带来了积极的影响，推动了教育的全面发展和优质教育的实现。

七、"拂晓阅读"让读书充满童趣

1. 图书馆智能管理系统的背景和意义

在教育日益注重培养学生全面素质与能力的当下，阅读对素养提升的重要性愈发凸显。深圳中小学图书馆顺势而为，为学生提供了多样化的阅读资源，促进他们的综合素质发展。教育强调学生的自主学习能力，中小学图书馆智能管理系统可以为学生提供自主获取知识的平台，培养他们的学习兴趣和能力。教育正朝着创新和实践导向的教育模式发展，图书馆智能管理系统可以提供丰富的学习资源，支持学生的创新和实践活动。

科技的进步使得数字化阅读成为趋势，中小学图书馆智能管理系统可以提供电子图书、在线期刊等数字化资源，满足学生数字阅读的需求。人工智能技术的应用使图书馆智能管理系统可以提供智能搜索、推荐阅读、个性化学习计划等智能化服务，更好地满足学生的需求。互联网技术飞速发展，学生可以随时随地访问图书馆资源，而中小学图书馆智能管理系统也借助互联网技术实现资源的共享和传播。

社会正逐渐进入数字化时代，学生的学习方式也在变化。中小学图书馆智能管理系统可以适应数字化时代的学习需求，提供便捷的数字资源获取方式。社会中的信息获取途径越来越丰富，中小学图书馆智能管理系统可以将图书馆资源和社会各种信息资源有机结合，拓宽学生的知识视野。

综合来看，教育、科技和社会的进步为中小学图书馆智能管理系统的发展创造了有利条件，使其成为促进学生全面发展，提升素质教育水平的有力工具。

2. 智慧图书馆建设过程

采用智能管理系统的图书馆，也称为智慧图书馆。小学智慧图书馆的建设过程通常涵盖多个阶段，其中包括自助借还书和开放式图书馆管理等内容。以下是一个典型的小学智慧图书馆的建设过程。

（1）需求分析阶段。

了解学校和学生的需求：学校应调研学生和教师的阅读需求，了解他们对图书馆的期望。

制定建设目标：确定建设智慧图书馆的目标，例如提供更便捷的借还书服务，促进学生的阅读兴趣等。

（2）规划设计阶段。

设计图书馆空间：规划图书馆的布局，包括图书摆放、自助借还设备的位置、休息区等。

选择技术设备：选用自助借还书设备，RFID（射频识别）阅读器、图书馆管理软件等技术设备。

（3）技术建设阶段。

安装设备：在图书馆内安装自助借还书设备、RFID阅读器等。

配置软件：设置图书馆管理软件，建立图书信息数据库、学生借阅记录系统等。

（4）培训与推广阶段。

培训工作人员：培训图书馆管理员和学校工作人员，使他们熟悉自助借还流程、设备使用和软件操作。

推广宣传：宣传智慧图书馆的功能和便利性，吸引学生和家长积极使用。

（5）正式运营阶段。

启动服务：正式开放自助借还书服务，让学生和教师可以自主借阅和归还图书。

配合课程：将图书馆资源与学校课程相结合，促进学生的阅读和自主学习。

（6）持续改进阶段。

收集反馈：定期收集用户的反馈意见，了解他们的体验和建议。

不断优化：根据反馈意见和实际情况，对智慧图书馆的服务流程、设备配置等进行优化和改进。

自助借还书是智慧图书馆的核心功能之一，通过 RFID 技术，学生可以在自助借还台上扫描图书的标签，完成借阅或归还操作，提高借阅效率和便利性。

开放式图书馆管理意味着图书馆不再仅限于传统的开放时间，而是通过智能系统实现全天候的自助服务。学生可以随时自主进入图书馆，借阅图书，享受阅读的乐趣。

总的来说，小学智慧图书馆的建设过程涉及需求分析、规划设计、技术建设、培训与推广、正式运营和持续改进等多个环节，目标是为学生提供更方便、更自主的借还图书和阅读体验。

3. 智慧图书馆的功能介绍

智慧图书馆是一种集成了现代科技和信息化手段的图书馆，提供多种便捷的功能，以满足读者的阅读和学习需求。以下是关于智慧图书馆的功能介绍，包括对开放式阅读空间、自助借还书系统、自动检索、电子书资源等方面的详细说明。

（1）开放式阅读空间。

智慧图书馆设计了开放式的阅读空间，为读者提供安静、舒适的环境。这种开放式设计不受传统开闭馆时间的限制，读者可以随时进入，自由选择座位，享受自主的学习氛围。

（2）自助借还书系统。

智慧图书馆配备了自助借还书系统，借助 RFID 技术，读者可以使用自助借还台进行图书的借阅和归还。读者只需将图书放置在自助借还台上，系统会自动扫描图书信息并完成借还操作，极大地提高了图书借还效率。

（3）自动检索。

智慧图书馆通常会配备自动检索设备，让读者能够通过输入图书名称、关键词等信息，快速地找到所需图书的位置。这些设备会提供引导，指导读者前往图书所在的具体位置，节省查找时间。

（4）电子书资源。

智慧图书馆提供电子书资源，读者可以通过电子设备（如电脑、平板、手机）在线阅读电子书。这种方式不仅方便了读者，还扩展了图书馆的阅读资源范围，满足多样化的阅读需求。

（5）数字化资源访问。

智慧图书馆支持读者访问数字化资源，包括在线期刊、报纸、学术数据库等。读者可以通过图书馆的计算机或个人设备获取这些资源，拓展了知识的获取途径。

（6）个性化推荐。

基于读者的借阅历史和兴趣，智慧图书馆可以提供个性化的图书推荐，帮助读者发现适合他们的新书。

（7）在线预约和续借。

智慧图书馆通常提供在线预约和续借服务，读者可以在网上查询图书库存情况，预约想要借阅的图书，并且可以在规定时间内续借借阅中的图书。

（8）多媒体学习设施。

一些智慧图书馆可能配备了多媒体学习设施，如多功能阅读屏幕、互动展示设备等，可以为读者提供更加丰富的学习和阅读体验。

综合来看，智慧图书馆通过自助借还系统、自动检索设备、电子书资源、个性化推荐等功能，提供了更加便捷、多样化的学习和阅读体验，满足了读者在不同阅读环境的需求。

4. 智慧图书馆的应用效果

附小依托教学楼读书角、连廊、多功能阅读室等开放式空间，结合自助借还书系统、智能管理平台及资源共享终端，构建了"全场景覆盖、全流程自助、全资源共享"的智慧图书馆体系（见图 2-2）。学校通过空间重构与技术赋能，将传统图书馆延伸为集阅读、学习、交流于一体的智能化文化场所，打破时间与空间限制，实现"处处可阅读、时时能学习"的教育生态。

图 2-2　智慧图书馆

　　智慧图书馆实现了学生自主借书、还书，使读书变成一件简单有趣的事，对学校产生了深远影响。首先，智慧图书馆作为一种现代化教育手段，彰显了学校对教育创新的高度重视，从而提升了学校的整体形象和吸引力。其次，智慧图书馆的多样化资源和服务为学校的素质教育提供了坚实支持。丰富的阅读和学习资源有助于提升学生的综合素质，与学校素质教育的理念高度契合。再次，智慧图书馆的自助借还和在线阅读等便捷功能，激发了学生的自主学习意识，推动他们更深入地学习。随着信息技术的融入，学校的信息化教育水平也得以进一步提升，使学校更好地适应现代教育发展的需求。最后，智慧图书馆作为教育改革的有力支持，为学校提供了实施新教育模式和方法的有力工具，推动了教育的积极变革。智慧图书馆在多个层面深刻地影响了学校的发展与教育质量提升。

　　智慧图书馆的应用能够对学生产生很多积极的影响，帮助他们建立良好的学习习惯、提高学习兴趣并培养信息素养。智慧图书馆的多样化资源，如图书、绘本、互动性故事等可以激发学生的学习兴趣，促使他们更愿意参与阅读和学习活动。

智慧图书馆提供了在线借阅、电子书等便捷的阅读方式，可以培养小学生良好的阅读习惯，促进他们的自主学习能力。学生可以通过智慧图书馆获取更多样的知识，不仅限于课堂内容，还能探索兴趣领域以及其他文化和知识领域的内容。智慧图书馆提供了图书、动画、视频、音频等多样化的学习资源，使学习更加生动有趣，帮助学生更好地理解和掌握知识。通过智慧图书馆的应用，学生可以学会独立搜索、筛选和选择学习资源，提高自主学习的能力。智慧图书馆可以教会学生如何识别可靠的信息源，培养其信息搜集、评估和利用的能力，提高其信息素养水平。智慧图书馆提供多种资源，可以让学生进行跨学科的学习，从而培养其综合性思维。智慧图书馆的互动性功能可以促使学生参与讨论、分享自己的想法，从而提高其表达能力和社交技能。通过智慧图书馆，学生可以追踪自己的阅读和学习进展，获得成就感，激发学习的积极性。为确保智慧图书馆对学生产生积极影响，学校和家长应该合理引导学生，平衡在线阅读和线下学习，并保护学生的在线安全和隐私。

智慧图书馆也为教师带来了多方面的积极影响，智慧图书馆提供了更多的教学资源和工具，教师可以从丰富的实体书、电子书、数字化资料中寻找教材和课堂素材，有助于提高教育质量和教学效果；可以根据学生的兴趣和能力推荐合适的阅读资源，促进个性化的教育；可以通过智慧图书馆引导学生进行自主阅读和研究，激发他们的创新思维和培养他们的独立研究能力；可以通过智慧图书馆与家长合作，共同促进学生的阅读和学习。

八、"课堂 AI 分析系统"助推教师专业发展

1. "课堂 AI 分析系统"建设背景和意义

我国在人工智能助推教师专业发展方面采取了一系列政策措施，以推动教育的创新和发展。2012 年国务院发布了《教育信息化十年发展规划（2011—2020 年）》，明确了在教育领域推动信息技术的应用，促进数字化教育资源的开发和利用，探索现代化教育教学方法。2017 年国家发展和改革委员会、中国科学技术部、中国教育部等多个部门联合发布《新一代人工智能发展规划》等多个人工智能发展规划文件，强调人工智能在教育领域的应用，推动人工智能与教育深度融合，促进教育现代化。2018 年教育部发布了《教

育信息化2.0行动计划》，明确了推进教育信息化建设的目标和重点领域，包括提升教育信息化应用能力，支持数字化教育资源开发。中国鼓励并推动"互联网＋教育"，支持教育信息化和人工智能在教育领域的应用，提升教学质量，推动教育变革。教育部设立了多个重大专项，如"中小学现代远程教育工程"，通过应用人工智能技术提升远程教育和数字教育的质量。政府支持数字化教育资源的开发，包括教育平台、在线课程等，为教师提供更多优质的教育资源。中国开展了多项师资培训项目，旨在提升教师的信息技术和人工智能应用能力，引导他们更好地运用技术创新教学方法。综合而言，中国政府通过发布一系列的教育信息化和人工智能发展规划、行动计划以及专项项目，积极推动人工智能在教育领域的应用，助推教师专业发展，提升教育质量，实现教育现代化。

人工智能技术的迅速发展，包括机器学习、深度学习、自然语言处理等在内的技术不断突破，为教育领域提供了更多的应用可能性。这些技术使计算机能够处理和分析大量的教育数据，包括学生的学习成绩、课堂表现、互动数据等，从而能够更准确地理解学生的学习需求和评估学习表现。"课堂 AI 分析系统"能够利用大数据和数据挖掘技术，从这些数据中分析出有关学生学习的信息和规律；还可以分析学生在课堂互动、作业反馈等场景中的语言表达，甚至进行情感分析，帮助教师更好地了解学生的情绪状态和需求。

学生在学习过程中具有多样化的学习节奏、风格和需求。"课堂 AI 分析系统"可以根据学生的学习数据，为其提供个性化的学习建议和资源，还可以帮助教师更好地满足每个学生的需求。教育改革强调提升教学质量和效果。"课堂 AI 分析系统"通过数据分析，能够帮助教师更全面地了解学生的学习情况，从而调整教学策略，提高教学效果。教育逐渐向个性化和差异化发展。AI 技术能够根据每个学生的学习数据，为教师提供针对性的教学建议，帮助教师更好地应对学生的多样化需求。

社会对于教育的期望逐渐从传统的知识传授转向培养学生的创新能力、合作精神和实际应用能力。AI 技术的应用使教育更具现代化和科技感。

教师在不断提升自身专业素养的同时，也需要适应新的教学模式和工具。"课堂 AI 分析系统"为教师提供了与时俱进的教学手段，有助于促进其专业发展。

随着社会变革，学生的需求和背景日趋多元化。AI 分析系统可以帮助教师更好地了解每个学生，了解教师自身教学情况，更有效地满足教师的教学需求，对学生实现更全面的个性化关注。

政府和社会对教育质量和教学效果的关注日益增加。AI 分析系统可以提供客观的教学数据，为教育管理者和政策制定者提供参考。

综上所述，"课堂 AI 分析系统"的应用是技术、教育和社会相互作用的产物。在技术的驱动下，教育模式得以更新，教师能够更好地满足学生需求，同时为社会提供了更优质的教育资源和人才。

2. "课堂 AI 分析系统"助推教师专业发展

附小是广东省教育研究院"5G + 智慧教育"课堂教学智慧评价实验校。附小引进了"课堂 AI 分析系统"，改进教学行为，促进教师课堂教学能力的提升。课堂 AI 分析系统通过四维数据模型（学生行为占比、教师行为占比、行为转化率、教师互动模式），生成互动模式分析图（详见图 2 - 3），为教师提供数据驱动的精准教学支持。系统还可以自动计算师生互动总时长、高频互动时段及互动密度分布，分析课堂互动状态。例如，某教师通过系统发现 15：00—15：15 时段互动量骤降，系统识别为学生疲劳期并建议插入"5 分钟站立讨论"，实施后该时段互动率提升 32%。基于全局数据分析，教师可优化课堂节奏，避免"前松后紧"或"满堂灌"。

课堂画像是基于多模态数据采集与智能分析算法，对课堂教学过程与效果进行可视化、结构化、动态化呈现的数字孪生模型。它以教师行为、学生表现、互动质量为核心维度，生成实时诊断报告与趋势预测分析，帮助教师精准定位问题、优化教学策略。课堂 AI 分析系统还可进一步构建由教师言语、学生言语、自主学习、小组合作等 9 大核心指标构成的学生参与度矩阵（详见图 2 - 4），形成数据驱动的动态课堂画像。这一画像不仅是教学过程的"数字镜像"，更是教师专业发展的"智能伙伴"。

课堂 AI 分析系统从学生学习状态、教师教学活动、课堂交互度三大维度，系统地呈现课堂教学细节（详见图 2 - 5），为教师提供课堂复盘的精准依据，便于优化教学环节的时间分配、创新互动形式，推动课堂教学模式从"单向讲授"向"高效交互"转型，助力教学质量提升与学生学习成效优化。

课堂 AI 分析系统通过数据可视化与智能分析技术，将抽象的教学行为转化为可操作的优化策略，推动教师教学模式从"经验驱动"向"数据驱动"转型，最终实现课堂效率提升与学生核心素养发展的双重目标。

平均课堂互动数据	分值
学生行为占比（RS）	0.96
教师行为占比（RT）	0.04
行为转化率（CH）	0.01
教师互动模式	判断标准
练习型	$RT \leq 0.3$，$CH < 0.4$
混合型	$0.3 < RT < 0.7$，$CH < 0.4$
讲授型	$0.7 \leq RT < 1$，$CH < 0.4$
对话型	$CH \geq 0.4$

建议：

结论：

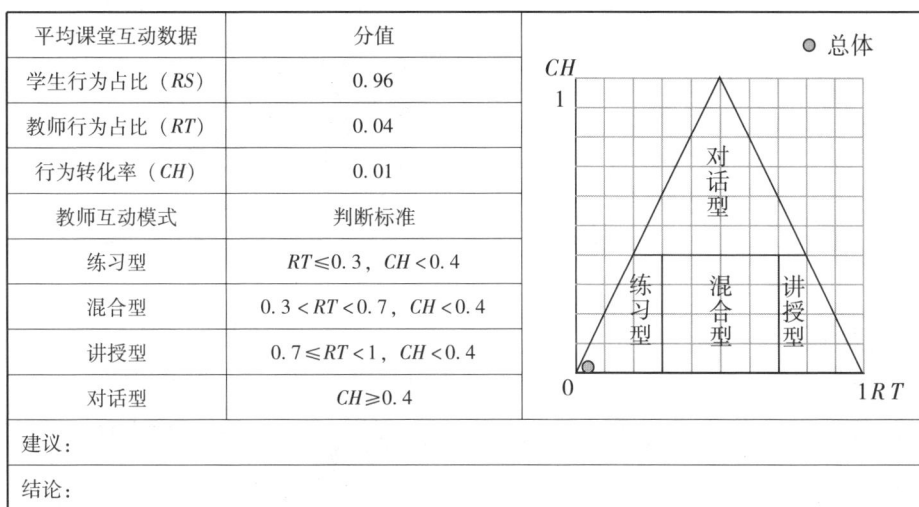

图 2 - 3　课堂互动模式的 AI 系统分析示例

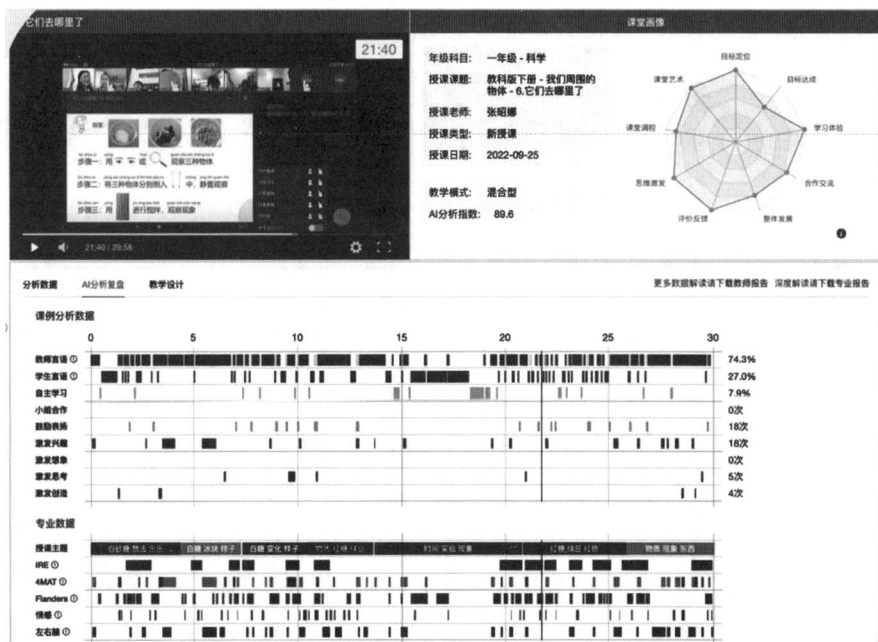

图 2 - 4　课堂画像图

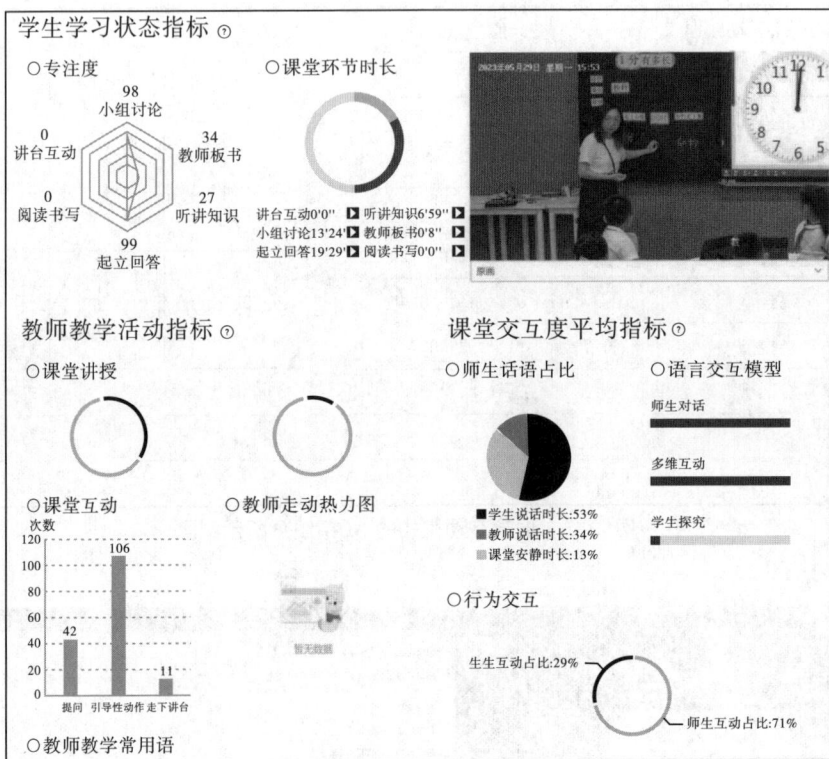

图2-5　课堂指标图

九、平板教学为课堂注入新的活力

1. 平板走进课堂的背景

平板电脑的普及使数字化学习变得更加便捷，学校采用平板教学与社会科技趋势相符合。社会对技术和数字素养的需求不断增加，学校采用平板教学有助于培养学生在未来工作中所需的技能。许多国家正在进行教育改革，强调对创新、合作、实践等能力的培养，平板教学可以很好地支持这些需求。

数字化时代，掌握数字技能和信息处理能力对学生未来的发展至关重要。平板教学强调个体化学习，培养学生的自主学习能力和自我管理能力，还可以帮助学生熟练使用数字工具，培养其信息检索和处理的能力。学生的学习风格、兴趣和能力各不相同，平板教学提供了个性化学习的机会，根据学生的需求调整学习内容和进度。而利用多媒体、互动应用等元素的平板教学相比传统教学更具吸引力，有助于激发学生的学习兴趣。

平板教学通过课前任务分发、课中互动、课后作业，以及采集三个环节的所有教学数据，对教学进行重构。教师根据课程特点和学生需求，灵活选择数字化教育资源。

平板教学引入了多媒体、互动应用和在线资源，教师可以创新教学方法，激发学生的学习兴趣和提高其课堂参与度。平板教学提供了融合多媒体技术的互动性强、个性化的学习方式，促进教育质量的提升。

学校可以利用在线教材、互动应用等丰富的教学资源，拓展教学内容，满足多样化的学习需求。教师可以借助平板教学提升自身的教学技能和数字素养，推动教育的创新。

综合来看，学校采用平板教学是为了适应多方面需求和趋势，提升教育质量、培养学生的综合素养，以及推动教育创新与发展。

2. 中小学平板电脑教学的建设和实施方案

将平板电脑引入中小学课堂是一个有益的举措，但需要仔细规划，采用适当的方法。在引入平板电脑前，应确保教育目标明确，平板电脑应该被视为实现学习目标和提升学生技能的工具，而不仅仅是使用技术的方式。教师需要接受关于平板电脑的培训，包括基本操作、课堂应用和有效将平板电脑整合到教学中的策略。学校应提供持续的技术支持，让教师能够充分利用平板电脑进行教学，确保平板电脑应用与课程内容紧密相关，提升学生的学习效果。在教学过程中，教师应适时地使用平板电脑来优化学生的学习体验，而不是完全取代传统的教学方法。教育技术在不断发展，所以持续创新是很重要的。学校和教师都应关注新的教育应用软件、资源和方法，确保对平板电脑的应用保持与时俱进。

将平板电脑引入中小学课堂可以为学生提供更丰富的学习体验，但需要根据教育目标和学生需求来精心设计和实施平板教学，以确保其积极影响学生的学习和发展。以下是附小在引入和开展平板教学的一些实施规划。

（1）教学目标和内容规划。

确定教育目标：明确学校平板电脑教学的教育目标，包括提高学生的信息素养、创新能力、跨学科思维等。

教学内容规划：制定与课程内容相关的平板电脑教学内容，确保平板电脑教学与学校教学大纲和课程目标一致。

（2）设备和基础设施建设。

采购和配置设备：根据学校规模和教学需求，采购合适的平板电脑，并配置相应的软件和应用程序。

网络建设：确保学校具备稳定的网络连接，以支持在线教学的开展和在线资源的获取。

（3）师资培训。

教师培训：为教师提供平板电脑的基本操作培训，以及如何有效地将平板电脑融入课堂教学的培训。

教学设计与策略：培训教师如何设计基于平板电脑的教学活动，以及如何借助平板电脑实现个性化教学等。

（4）教学资源准备。

数字化教材：将课程教材数字化，以适应平板电脑教学，如电子书、互动教材等。

教学应用程序：选择适合教学内容的应用程序，如学习游戏、交互式模拟等。

（5）教学实施策略和管理。

教学实施策略：教师可以在课堂上使用平板电脑进行互动教学、小组合作、实验模拟等活动。

教学管理：确保平板电脑在课堂中的有序使用，规范学生的使用行为。

（6）评估和反馈。

效果评估：定期评估平板电脑教学的效果，包括学生的学习表现、学习兴趣等。

改进和优化：根据评估结果，不断优化教学方案，优化师生培训内容，更新教学资源。

（7）技术支持和维护。

技术支持团队：建立技术支持团队，负责处理平板电脑设备和软件的故障和问题。

维护与更新：定期维护平板电脑设备，确保其正常运行，并及时更新教学应用程序和系统。

（8）家校合作。

家长培训：为家长提供平板电脑教学的培训，让他们理解教学模式，以帮助学生更好地使用平板电脑进行学习。

家庭作业和项目：鼓励家长参与学生的平板电脑学习，正确引导他们利用平板电脑完成家庭作业和项目。

在教育信息化进程中，学校引入平板教学，带来显著变革与成效。在教学资源与方式方面，平板丰富了资源呈现形式，教师能将抽象知识以多媒体形式展现，激发学生的学习兴趣，还能按需分发数字化资源让学生预习，增强学生的学习主动性。在课堂互动与个性化学习方面，平板教学支持多样化互动，促进学生交流协作，其数据采集功能助力教师精准把握学情，为不同学生定制个性化学习路径。在教学管理与评估方面，学校建立维护体系确保平板教学有序展开，利用软件管理学生学习过程，分析数据评估学生学习效果，调整教学策略。

实践证明，平板教学提升了教学趣味性、互动性和个性化水平，推动了学校教育现代化发展。

第三节　智能化带来的变化

在数字科技风起云涌的时代，智能化已经渗透各个领域，引领着我们走向全新的未来。智能化不仅仅是一场技术的变革，更是一场生态的演进。它不仅改变着我们的工作方式、生活方式，更在不经意间重新定义了我们对世界的认知和理解。

智能化的浪潮席卷而来，从人工智能到物联网，从大数据到云计算，每一个技术的跃升都如同引擎轰鸣，推动着我们迈入一个全新的时代。这不再是简单的技术堆积，而是智慧的蓬勃绽放，彻底改变了我们生活的方方面面。智能化不仅仅是技术的飞跃，更是一个生态的全新篇章。生态是相互联系、相互影响的系统，而智能化则为这个生态系统注入了强大的能量。从智能城市到智能农业，从智能医疗到智能教育，智能化正在以前所未有的方式连接起我们的现在和未来。智能化所带来的变化，不仅仅是表面上的技术更新，更是对我们认知模式的深刻颠覆。我们习以为常的观念正在被打破，智能化不再是遥不可及的未来，而是我们当下生活的一部分。这个变革之中，我们迎来了更高效、更便利、更智慧的生活。

变革总伴随着挑战。我们需要正视数据隐私的问题，需要思考人工智能对就业的影响，需要解决智能化生态中的伦理和法律难题。与此同时，这也是一片充满机遇的新天地。创新的可能性无限，智能化为我们打开了通向更高境界的大门。

在智能化的时代，教育领域的未来同样充满未知。我们或许无法准确预测智能化将为教育带来怎样的崭新图景，但可以确信的是，它将为教育开启全新的探索之旅。本节将深入剖析智能化给教育生态所带来的全方位变革，探讨其中的机遇和挑战，为读者呈现一个全新的教育领域智能化时代的画卷。

一、人工智能、大数据等技术提高教育管理效率和质量

人工智能和大数据技术在教育管理方面的应用可以帮助提高教育管理效率和质量。例如，利用大数据技术收集学习者全过程的学习数据，实时更新学习者画像，通过不断地迭代生成，实现对个性化学习路径的动态跟踪与调控。此外，人工智能技术还可以通过智能化的教育管理系统实现对学校、教师、学生等多方面信息的管理和分析，从而提高教育管理的效率和质量。

人工智能技术的发展，将使未来教育发生重大的结构性变革，虽然具体变化形态是多样的、无法预测的，但以下五个发展方向则是确定的。

（1）未来教育要关注人机结合的制度体系与思维体系。

（2）未来教育要关注智能化的教育资源建设。

（3）未来教育要关注智能化的教学模式创新。

（4）未来教育要关注智能化的教育评价体系。

（5）未来教育要关注智能化的教育服务体系建设。

二、智能化教育管理对学生和教师的影响

随着科技的飞速发展，智能化教育管理正在改变我们的生活和学习方式。它不仅对学生产生了深远的影响，也为教师提供了全新的教学工具。这种变革带来了许多机遇，也带来了挑战。

首先，智能化教育管理对学生产生了许多影响。通过数字化的学习资源和个性化的学习路径，智能化教育管理可以更好地满足学生的学习需求和兴趣。此外，它还可以帮助学生更好地理解和掌握知识，提高学习效率。然而，这也可能导致学生过度依赖技术，降低他们的自主学习能力。

其次，对于教师来说，智能化教育管理提供了更多的教学工具和资源。例如，他们可以使用在线评估工具来跟踪学生的学习进度，使用智能课堂系

统来提高教学效果等。然而，教师可能需要花费不少时间适应新的技术和平台，同时还需要面对由技术带来的新挑战，如数据安全和隐私保护等。

最后，智能化教育管理还有许多优势。第一，它可以打破地理限制，使全球范围内的学生都能够接触到优质的教育资源。第二，它可以促进教育的个性化和定制化，让每个学生都能找到最适合自己的学习路径。第三，它还可以促进教师的专业发展，帮助他们更好地适应新的教学环境和技术。

总的来说，智能化教育管理是一场深刻的教育变革。虽然它带来了一些挑战，但只要我们积极应对，就一定能处理得宜，并从中找到更多机遇。我们期待，未来智能化教育管理能为我们提供更好的教育体验，帮助我们实现更高的教育目标。

本章小结

智能环境构建未来学校新形态，标志着教育进入了数字化、智能化的时代。这场教育的变革不仅仅是技术设备的更新，更是对教学理念和教育方式的深刻反思和重构。未来学校新形态的构建，是对传统教育模式的超越和创新，是为了培养更具创造力、实践能力和全球竞争力的新一代人才。

学校的数字化转型不仅仅是引入了先进的硬件和软件设备，更是形成了全方位的信息化管理。这不仅提高了学校管理的效率，也为师生提供了更广阔的学习空间。数字化的学校管理，使得信息能够迅速传递，构建了一个高效、透明的管理体系。

未来学校新形态注重个性化学习，借助于智能化的教育工具，学生可以根据自身兴趣、学科需求和学习进度进行个性化学习。这种灵活性和个性化，不仅更好地满足了学生多样化的学习需求，也激发了他们的学习兴趣和培养了他们的创造能力。

全面 5G 网络和在线教育平台的应用，将学校的学术交流推向全球。学生可以与不同国家的教育者和学习者交流学习经验，开阔视野。这种全球化的学习互动，促进了多元文化的融合，培养了具备国际竞争力的人才。

多元德育评价系统的引入，使学校对学生的评价不再仅仅局限于学科成绩，而是更注重学生的品德发展、领导力和社会责任感。这种全面的评价方式，培养了更为全面发展、有社会责任心的新一代公民。

AI 课堂分析系统的应用，为教师提供了更为精准的学生学情分析，使教学更加有针对性。智能图书馆和平板电脑的使用，改变了传统的教育资源获取和传递方式。这些创新科技的助力，使教学更具互动性、灵活性和创新性。

　　未来学校新形态的构建，不仅关注知识的传授，更关注学生的全面发展。它是对学生需求的深刻理解，是对全球化竞争的积极应对，更是对未来社会需求的主动回应。这样的学校，不再是封闭的教育单元，而是开放、创新、与时俱进的教育载体。未来学校新形态的建设，为学生提供了更广泛的发展空间，为社会培养了更具创造力和领导力的未来人才。在这个智能化的时代，学校如同一座桥梁，搭建起学生通向未来的坚实道路。

第三章

智能工具赋能课堂混合式教学

随着科技的迅猛发展，教育领域也正经历着翻天覆地的变革。在这个数字化时代，智能工具成为教育的强大助手，为传统课堂注入了新的活力。混合式教学将传统面授教学与先进的在线学习相融合，形成了一种更为灵活、个性化的教学方式。本章将探讨"智能工具赋能课堂混合式教学"这一引人深思的主题，深入剖析在教学过程中如何充分利用智能技术，以更好地满足学生的需求、提升教学效果。

智能工具的引入为教育带来了前所未有的机遇。从人工智能到大数据，再到虚拟现实，这些工具不仅能够提供更个性化、交互式的学习体验，还有助于教育者更好地了解学生的学习状况，从而更有针对性地进行教学设计。本章将通过深入分析不同智能工具的应用案例，探讨它们如何在混合式教学中发挥作用，从而为推动教育的创新和发展提供参考。

在这个变革的过程中，混合式教学模式成为教育者的一项重要选择。通过结合传统面对面的教学和创新的在线学习，教育者能够更好地平衡教学的灵活性与互动性。然而，实现混合式教学的关键不仅在于融合技术，更在于教育者的敏锐洞察和对教学方法的创新。本章将聚焦于这一点，提供关于如何有效地设计和实施混合式教学的实用建议，并分享一系列成功的实践经验。

智能工具赋能课堂混合式教学，不仅是为培养具有创新能力、合作精神和适应未来挑战的学生奠定基础，更是对传统教育的一次重大革新。让我们共同迎接这个数字化教育时代的到来，助力教育事业不断前行。

第一节　在线教育平台的建设与应用

在线教育平台作为当前教育变革的重要驱动力，正以前所未有的方式重新定义着学习的模式和教学的形态。在这个数字化的时代，教育不再受限于传统的教室，而是走进了虚拟的网络空间，这种教育模式的转变开启了全新的学习时代。

数字科技的崛起使信息传递变得更加迅捷高效，而教育作为信息传递的重要领域，自然而然地投入了数字科技的怀抱。在线教育平台应运而生，不仅为学生提供了更加灵活的学习方式，也为教育者打开了全新的教学大门。

在线教育平台的兴起，重新定义了学习的模式。传统的面对面授课逐渐演变为线上互动，学生可以随时随地通过网络获取知识，实现自主学习。这种灵活的学习模式不仅满足了个性化学习的需求，还极大地拓展了学习的边界。

在线教育平台的建设使得教育跨越国界，实现了教育的全球化。学生可以通过网络接触世界各地的优秀教育资源，突破地域限制，享受来自不同文化的学习体验。这不仅促进了全球教育资源的共享，也推动了世界范围内教育水平的提升。

随着人工智能技术的不断创新，在线教育平台也逐渐智能化。个性化的学习推荐、智能化的作业批改，使学生能够更有针对性地学习，教育者能够更好地了解学生的学习状态。这种智能化的学习体验为教学注入了新的活力。

随着在线教育平台的普及，教育也面临着一系列的挑战，如数据隐私问题、教学质量的保障问题等。同时，这也是一片充满机遇的领域，拥有无限创新的可能，将数字科技与教育有机结合，能为学习者提供更优质的教育资源。

本节主要研究在线教育平台的建设与应用，探讨其中的创新与发展，分析其带来的变革和挑战。通过全面的视角，为读者呈现在线教育平台在教育领域中的重要性，以及它所带来的深远影响。通过深刻理解在线教育的发展历程，我们有望更好地把握教育变革的脉搏，为构建更加开放、包容、创新的教育体系贡献力量。

一、在线教育的发展历程

在线教育的发展历程可以追溯到计算机技术的早期阶段，但真正的爆发始于互联网的普及和数字技术的飞速发展。20 世纪 60 年代至 70 年代初，计算机技术首次被应用于教育领域，当时的 CAI 系统采用简单的文本和图形，为学生提供基本的练习和测试。70 年代后期至 80 年代初，远程教育通过邮寄教材和使用电视等媒体形式进行课程传递，学生可以通过邮寄方式接收课程材料，通过电视等观看讲座。90 年代初，互联网的普及和计算机网络技术的发展使得教育资源能够在线共享，学术机构开始建立在线课程和整合资源，促进了全球范围内的知识交流。2000 年后，开放式课程兴起，开放教育资源的概念得到普及，教育机构开始共享教学资源，提供了更多的学习机会。2012 年左右，MOOC 开始受到广泛关注，Coursera、edX 等平台成为全球学生学习的重要工具，这推动了在线学位和证书体系的发展。随着技术的不断发展，个性化学习和自适应教育引入了更智能的教学方式。学习平台开始利用大数据和人工智能，根据学生的学习习惯和水平提供个性化的学习体验。2020 年的新冠疫情对全球教育产生深远影响，迫使教育机构迅速转向在线教育。在线教育应用范围迅速扩大，同时推动了在线教育技术和方法的不断改进和创新。

总的来说，在线教育经历了从基础的计算机辅助教育到全球范围内的开放式学习和大规模在线课程的发展，最终演化成个性化、自适应的教育模式。这一发展历程也在不断推动着教育领域的创新和改革。

二、在线教育平台建设的必要性

在线教育平台建设的必要性在于它给教育体系带来了多方面的积极影响，满足了当代学习者和教育机构的需求。在线教育平台打破了地理限制，使学习者能够随时随地获取高质量的教育资源，学生可以通过互联网在世界各地的优秀学府学习，拥有全球性的学习机会。在线教育平台提供了灵活的学习时间表，适应了学习者的个体差异，学生可以根据自己的节奏和时间表选择学习内容，从而更好地平衡学习和其他生活方面的需求。在线教育平台通过大数据和人工智能技术，为每个学生定制个性化的学习路径，学生能够根据自身水平和兴趣，选择最适合他们的学科和课程，提高学习效果。在线教育平台允许教育机构更好地管理和利用他们的教育资源，通过数字化的教育内容、在线测试和评估，教育资源能够被更广泛地传播和共享。在线教育平台降低了教育的成本，减少了学生因交通、住宿等问题而产生的费用；同时，教育机构也能够更有效地运营，提高了资源的利用效率。随着社会的不断发展，人们的学习需求也在不断变化。在线教育平台能够更迅速地调整课程内容，适应社会和行业的发展需求。在线教育平台在自然灾害等紧急情况下可以充当备用计划，确保学生和教育机构能够正常学习和教学。

在线教育平台建设能够更好地满足现代社会对教育的多样化需求，促进教育的平等、普及和高效。这是一个数字时代的教育变革，为每一个渴望知识的心灵打开了一扇全新的大门，同时为整个社会的可持续发展提供了坚实的基础。

三、在线教育平台的核心目标及对教育体系的影响

随着科技的迅猛发展和互联网的普及，教育领域正在经历着一场前所未有的变革。在线教育平台作为这场变革的重要推手，不仅为学习者提供了更为便捷、灵活的学习方式，也在全球范围内推动了教育的创新。在这个数字时代，我们目睹了在线教育的崛起，它成为教育体系中不可或缺的一部分，深刻地影响着学习者、教育者以及整个社会。

传统教育一直以来都是知识传授的主场，学生需要走进教室，在一定的时间内接受教师的讲解。然而，这种传统教育模式存在一系列的问题，例如地域差异、学科不平衡、学生学习进度不同等。随着信息技术的普及，互联网的崛起以及智能技术的发展，在线教育平台应运而生，为教育体系注入了新的活力。

在线教育平台不仅仅是将传统教学搬到线上，更是在数字时代背景下对教育理念和方式的深刻反思。以下是在线教育平台的部分核心目标。

（1）提供广泛的学科和课程选择。在线教育平台致力于为学生提供更广泛、更多元化的学科和课程选择。这打破了传统教育体系中的地域限制和学科局限。通过在线教育平台，学生可以轻松学习来自世界各地知名学府、专业机构的课程，这拓宽了知识的边界，丰富了学科的多样性。

（2）个性化学习路径。在线教育平台通过智能技术，能够根据学生的学

科水平、学习习惯和兴趣，为每个学生量身定制个性化的学习路径。这种个性化教学模式避免了传统教育中的"一刀切"，使得学生能够在更适合自己的学习环境中充分发挥潜能。

（3）促进互动与合作。在线教育平台鼓励学生与教师以及其他学生之间建立更多的互动和合作。通过各种在线工具，如讨论论坛、实时聊天和协作文档，学生能够更好地分享观点、解决问题，形成一个开放的学习社群。这种互动和合作的学习氛围有助于激发学生的学习兴趣和主动性。

（4）提供灵活的学习时间表。在线教育平台可以提供更灵活的学习时间表。学生不再被固定在传统的教室中，而是能够在任何时间、任何地点学习。这种灵活性不仅迎合了现代社会对于个性化学习的需求，而且更好地适应了学生的生活和工作安排，提高了学生的学习自主性和舒适度。

（5）实时评估和反馈。通过在线教育平台，教育者可以为学生提供实时的学习反馈。通过实时的测验、作业和在线讨论，教师能够更及时地了解学生的学习状况。这种实时的评估和反馈有助于教师调整教学策略，更好地满足学生的需求，使教学过程更为高效和富有成效。

在科技日新月异的时代，教育领域正在经历一场深刻而全面的变革。在线教育打破了知识获取的时空限制，其影响更是在全球教育体系中广泛扩散。这不仅是技术层面的革命，更是对教育理念和传统模式的深度反思。在线教育对教育体系的影响是全面而深远的，具体有以下几个方面：

（1）扩大学习机会。在线教育打破了地理限制，使学生可以通过互联网获得全球范围内的优质教育资源。这不仅有助于缓解城乡教育资源不均衡的矛盾，也为那些远离学府的学生提供了接触世界一流教育的机会。在线教育使学习机会不再受制于地理位置，真正实现了教育资源的全球共享。

（2）个性化教学模式。在线教育通过个性化学习路径的设计，使教育更好地适应不同学生的学科水平和学习风格。这种个性化教学模式促使教育体系朝着更加灵活和包容的方向发展。不同于传统的一体化教学，个性化教学更注重学生的个体差异，更有针对性地提供学科支持。

（3）教育的数字化转型。在线教育推动了教育的数字化转型，促使传统教育机构更多地采用技术手段进行教学。从教学内容的数字化到在线考试和作业的推行，传统教育机构逐渐将数字技术深度融入日常教学与管理工作中，提高了教学效果和管理效率。这种数字化转型使得教育更符合时代的要求，更助力受教育者具备适应未来发展的能力。

（4）提高教学效果。在线教育平台可以提供及时的学习反馈，教育者能够更加直观地了解学生的学习情况。这种及时的互动有助于教育者调整教学策略，更好地满足学生的需求，使教学更为精准和高效。实时评估和反馈机制使学生能够更及时地纠正错误，更好地理解和掌握知识。

在这个信息时代，教育不再是孤立存在的体系，它与科技深度融合，形成了一个更加开放、灵活、多样的学习环境。在线教育平台作为这一变革的推手，为学习者提供了更丰富的学习机会，为教育者提供了更多元的教学手段。它不仅是教育的未来，更是塑造未来社会的关键力量。希望通过深入研究在线教育平台的核心目标及其对教育体系的影响，我们能够更好地理解教育的本质，更好地迎接未来的挑战。

四、在线教学的策略——以附小为例

1. 策略核心

在线教学在常规教学中的策略核心在于融合现代教育理念与技术优势，使教育全方位服务于学生的成长与发展，这主要体现在以下几个关键方面。

（1）以学生为中心的个性化发展为导向。将学生的个体差异置于首位，借助大数据和智能技术深度剖析学生的学习习惯、兴趣偏好以及知识掌握程度。通过精准定位每个学生的学习起点和需求，为其量身定制专属的学习路径与资源。例如，利用智能学习系统依据学生的答题情况和学习进度自动推送个性化的练习题与拓展资料，确保每个学生都能在适合自身节奏的学习进程中不断进步，充分挖掘自身潜力，实现个性化成长。

（2）技术赋能的教学创新。积极引入前沿的在线教育技术，如实时互动直播、虚拟实验室、智能辅导工具等，重塑教学流程与方法。教师借助这些工具开展创新性教学活动，如利用直播平台组织跨校的学科竞赛、通过虚拟实验室让学生沉浸式体验科学实验过程、运用智能辅导工具为学生提供即时的学习反馈与指导，从而打破传统教学的时空限制，提升教学的趣味性、互动性与实效性，激发学生的学习热情与创造力。

（3）多元互动促进合作交流。搭建丰富多样的在线互动平台，拓展师生之间、生生之间的交流互动渠道。鼓励学生在学习社区中积极分享学习心得、开展小组合作项目、共同探讨难题，培养学生的团队协作精神、沟通能力与批判性思维。例如，在在线英语课程中设置小组口语练习活动，学生分组进

行对话练习并互相评价纠正，在提升语言能力的同时增强合作意识与人际交往能力。

（4）持续评估与反馈优化学习。建立完善的在线学习评估体系，通过对学生学习过程中的数据采集与分析，如学习时长、作业完成质量、参与讨论活跃度等，实时监测学生的学习状态与成效。教师依据这些数据及时给予针对性的反馈与建议，帮助学生调整学习策略、弥补知识漏洞，同时为教学内容与方法的优化改进提供有力依据，实现教学相长，保障教学质量的持续提升。

2. 充分准备

（1）建立在线教学领导小组。成立以校长为领导小组组长，分管校长为副组长，分管主任、信息管理员、教研组长、班主任为成员的在线教学工作领导小组，明确工作职责，实行网格化管理，确保各项任务有布置、有检查、有效果。

（2）细化在线学习流程。为保证学生居家学习和生活，质量管理中心牵头制定了"学生自主学习任务单""学校在线教学流程图""学生居家学习作息时间表""学生居家学习班级课程表"，指导教师在线教学和学生居家学习。

（3）做好在线教学技术准备。依托 ClassIn 服务保障，进一步加强对 ClassIn技术平台使用的培训，让教师能够熟练掌握 ClassIn 技术手段并顺利开展网络教学。同时班主任通过家长群指导家长登录并关注学生学习平台，配合学校做好孩子在家学习的指导，督促孩子落实学习任务。

（4）不断完善教学资源。督促教师指导学生有效利用"国家教育智慧平台""深圳市教育公共服务平台"等推送的微课、点播课、直播课等学习资源，自主进行在线学习。各教研组集体教研，进一步完善教学资源，精心设计作业，监测学生学习效果，对出现的新问题认真研究、精准施策，确保学生的在线学习质量。

（5）制作心理辅导视频。针对线上学习学生可能出现的问题以及家长的焦虑情绪，学校组织心理项目组教师精心制作了 6 个心理辅导视频，并择机推出。

3. 统一要求

（1）统一内容。内容除安排好学生的课程学习外，还包括指导学生制订好居家的学习生活计划，丰富学生的学习生活，指导学生开展科学小实验、绘画、阅读、诵读、体育锻炼、家务劳动等活动，科学指导学生将在线学习与心理疏导、近视防控、科学锻炼有机结合。

（2）统一进度。根据线上学习特点，各教研组在集体教研的基础上确定教学进度。教学要兼顾班内不同学生特点，要考虑居家学习特点，要略慢于学校原有进度。作业布置要更有梯度，以基础性作业为主；三年级以下不布置书面作业。

（3）统一步调。考虑到居家学习特点，学校制定了"布置任务齐步走"策略。家长会统一文案，减压力，提信心；阶段性的温馨提示，统一说法，缓焦虑，补差距。防止学生产生过重的心理负担，防止学校的工作陷入被动。

（4）统一目标。做好家校沟通工作，取得家长的理解和支持。向家长宣传本次线上学习的目的和意义，指导家长助力学生的学习和反馈，严禁向家长布置作业，严禁增加学生的学业负担。

4. 工作流程

（1）各教研组制订周指导计划、课时计划，将计划提前一天上报质量管理中心审定。

（2）在分管主任指导下，各年级主任确定每天的线上指导内容，统筹本年级的各学科作业布置批改与线上反馈。

（3）加强线上集体教研，重点研究在线教学的科学实施路径和方式，采用"集体备课＋个性改进"的方式，及时征集并推广科学有效的个性化实施方案，提高在线教学设计的有效性。

5. 后勤保障

（1）统筹到位。学校按照"六个是否"即"资源是否充足、条件是否具备、要求是否规范、演练是否流畅、反馈是否及时、宣传是否到位"的要求，提前谋划，统筹协调，科学实施，为线上线下教育教学模式的即时切换做好积极准备。

（2）科学教研。学校根据实际情况，科学合理确定教学进度和内容，制定作息时间表、教学计划和课程表，组织好在线教学活动。教学处结合实际组建名师指导团队，组织优秀教研团队开展主题教研活动和集体备课。

（3）规范管理。质量管理中心负责对各教研组制订的方案、制作的微课、辅导的内容进行统一把关，并对各学科教师对学生的定向指导和学生网络学习效果进行跟踪指导。

（4）技术支持。质量管理中心负责对教师的技术培训和对本次任务提供技术支持，探索多种途径、多种形式的线上学习指导。

（5）家校沟通。质量管理中心负责集中培训班主任，做好开学前的家校沟通工作支持，确保教师指导、家长配合下的学生网络学习自主畅通，扎实有效。

五、在线教育平台的应用

1. 在线教育平台的资源利用和开发

教师可以通过 ClassIn 在线教育平台灵活、创新地利用各种资源，提高在线教学的质量。以下是部分帮助教师更好地实现对 ClassIn 平台的资源利用和开发的建议。

（1）上传教学课件和资料。利用 ClassIn 平台上传课程相关的教学课件等资料，确保学生能够方便地获取和阅读。这些资料应当清晰明了，帮助学生理解课程内容。

（2）利用白板进行实时讲解。ClassIn 平台提供强大的白板工具，教师可以在白板上进行实时写作、讲解，绘制图表等，使得课堂更生动、更具有互动性，提高学生的专注度。

（3）引入教学视频和音频。为了丰富课程内容，可引入与学科相关的教学视频和音频，包括学科知名专家的讲解、实地考察、案例分析等。通过视频和音频，学生能够更直观地理解和记忆知识点。

（4）实时互动和讨论。通过 ClassIn 平台的实时互动功能，教师可以提出问题、开展小组讨论，促使学生参与课堂。这种实时的互动可以激发学生思考，提高他们的学习积极性。

（5）在线测验和作业。利用平台的在线测验和作业功能，教师可以定期进行知识点的检测和复习。这有助于教师了解学生的学习状况，及时调整教学计划。

（6）组织在线讨论和解答。通过 ClassIn 的在线讨论板块，教师可以组织学科相关的在线讨论，解答学生提出的问题，推动师生、生生之间的交流。

（7）上传文档和链接相关资源。教师可以上传课外阅读材料、学科相关的文献资料，并通过链接分享其他在线资源，为学生提供更多深入学习的机会。

（8）在线实验和模拟实践。对于涉及实验的学科，教师可以通过 ClassIn 平台组织在线实验或模拟实践，让学生在虚拟环境中进行实验操作。

（9）学科竞赛和项目展示。鼓励学生参与学科竞赛，通过 ClassIn 平台展示他们的项目和成果，提高学生对学科的兴趣。

（10）定期反馈和评估。利用 ClassIn 平台的反馈和评估工具，教师可以定期向学生提供反馈，指导学生更好地掌握学科知识，及时纠正错误。

通过充分利用 ClassIn 平台的功能，教师可以创造出富有互动性和多样性的在线学习环境，提高学生的学科参与度和优化学习体验。

2. 开发各类教学资源

2020 年以来的一段时间，传统的课堂教学受到了前所未有的挑战，为了保障学生的学习不受影响，附小各学科老师积极行动，借助在线教育平台，开发了一系列优质的远程教育资源。

数学老师深入挖掘在线平台的功能，通过多媒体演示、实时白板书写，生动呈现数学知识。以视频讲解、在线互动解题等方式，激发学生对数学的兴趣，使抽象的概念更加形象化，提高学生的学科理解水平。

语文老师以文学作品、语法规则为主线，上传了一系列富有趣味性的教学课件。利用 ClassIn 平台的音频和视频功能，进行朗读示范、实时语法讲解，使学生在家中也能享受到丰富多彩的语文课堂。

英语老师通过引入丰富的听力视频、朗读示范，帮助学生提升听说能力。实时互动和在线讨论板块成为英语学科互动交流的重要平台，学生们在教师的引导下能够更加自信地进行英语口语表达。

即便是非传统学科，教师们也通过上传视频、图片等多媒体资源，展示了艺术创作和体育锻炼的精彩瞬间，使学生在家也能感受到多元的学科风采。

通过教师们的不懈努力，附小在线教育平台上涌现出一批生动、有趣、互动性强的优质课程资源。这些资源不仅弥补了传统教学的不足，也为学生提供了更加灵活、多样的学科学习方式。在全校师生共同努力下，在线教育成为有效的教学工具，为未来教育的创新奠定了坚实基础。

数学、语文、英语，乃至艺术和体育等各个学科领域，教师们用心灵之笔书写着在线教育的篇章。他们积极探索各类在线教学资源，利用 ClassIn 平台等工具，打造了一批生动、有趣、高质量的在线课程。

这不仅仅是技术的应用，更是一场教学理念的更新。教师们不再只是课上的讲述者，而是设计者、引导者和互动的促进者。通过实时互动、在线讨论、多媒体资源的引入，他们建立起一个虚拟的学习社区，使学生在屏幕前也能感受到浓厚的学科氛围。附小教师们走进在线教学世界，用行动展现他

们为高质量在线教育而付出的心血，以及在逆境中坚韧和创新的品质。这是一场全新的教育实践，也是一次共同成长的历练。表 3 - 1 是部分附小教师获得区级以上荣誉的优质课例。

表 3 - 1　部分优质课例

序号	课例名称	课例学科
1	那个春天	语文
2	用字母表示数	数学
3	Unit 3　In the Future Period	英语
4	它们去哪里了？	科学
5	蜗牛与黄鹂鸟	音乐
6	运动会闯关游戏	体育
7	学习专注　我有妙招	心理
8	成群的动物	美术
9	信息技术为古诗词赋能	语文
10	Unit 6　My Hair is Short	英语
11	学唱好听的歌——雁群飞	音乐
12	小兔子乖乖	音乐
13	Unit 4　I Can Sing	英语

六、各学科的在线教学应用策略

1. 语文学科的在线教学应用策略

（1）准备教学课件。语文教师准备了一套生动有趣的教学课件，其中包括一些文学作品的片段、诗歌、古代文言文等。通过 ClassIn 平台，教师将这些课件上传并分享给学生。课件中不仅包含课文内容，还有配图、注解，使学生在视觉和听觉上都能够更好地理解语文学科的精髓。

（2）引入文学作品视频。为了更生动地介绍文学作品，教师引入了相关的视频资源。这些视频有的是对作者的访谈和对作品的解读，有的是相关历史背景的介绍。通过 ClassIn 平台的视频功能，教师可以与学生共同观看这些视频，并随时进行互动讨论。

（3）朗读与音频解说。在学习文言文时，教师利用音频功能进行古文朗读，并对难词和语法进行解说。这样的音频资源不仅有助于学生正确理解古文，也能提升他们的语感和朗读能力。

（4）实时讨论与分析。通过 ClassIn 平台的实时讨论功能，教师可以提出问题，让学生在线上展开讨论。学生可以分享对文学作品的个人理解，或者就语文学科中的难点问题进行交流。这样的互动可以促进学生思考，提高学习效果。

（5）创作与分享。语文教学不仅仅是对经典文学的学习，还包括对学生语言表达能力的培养。教师可以布置创作任务，例如写一篇短文、创作一首诗歌等。学生可以通过 ClassIn 平台上传自己的作品，并与同学分享，形成学生之间有关创作的互动。

（6）在线阅读与评析。教师可以通过 ClassIn 平台提供的在线阅读功能，上传或链接相关的文学作品。学生可以在线上阅读文学作品，并进行评析。教师在实时互动中引导学生深入挖掘作品内涵，培养他们的独立思考能力。

通过这个案例，我们可以看到，语文学科的在线教学应用策略通过资源整合、能力培养与技术融合，打破传统教学的时空限制，营造出充满趣味与活力的学习氛围，有力推动学生语文素养的提升，为语文教育的现代化发展注入强大动力。

2. 数学学科的在线教学应用策略

（1）准备教学课件。数学教师准备了一套互动性强的教学课件，包括数学公式、图表、实例题等。这些课件通过 ClassIn 平台上传，教师可以在课堂上进行实时演示，向学生讲解数学概念和解题方法。

（2）引入数学问题解决视频。为了提高学生对数学问题解决过程的理解，教师引入了数学问题解决的视频。这些视频包括数学家的讲解、实际问题的解析，或者数学问题的趣味性呈现。通过 ClassIn 平台的视频功能，教师和学生可以共同观看并进行讨论。

（3）数学定理音频解说。对于一些复杂的数学定理或证明过程，教师可以使用音频功能进行解说。通过语音的形式，教师能够更清晰地解释数学概念，帮助学生更好地理解数学定理的推导和应用。

（4）实时互动解题。在课程中，教师通过 ClassIn 平台的实时互动功能，提出数学问题并邀请学生实时解答。学生可以使用白板工具进行解题演示，教师和其他同学可以及时提出问题或给予建议。这样的实时互动有助于激发学生的学习兴趣，促进其解题思维的发展。

（5）在线数学游戏与竞赛。为了增加学习趣味性，教师可以通过 ClassIn 平台组织在线数学游戏或竞赛，如数学题目的快速答题比赛、数学谜题挑战等。通过在线竞赛，学生在解决问题的同时感受到数学的趣味性和挑战性。

（6）实践应用案例分享。数学教师可以分享实际应用数学知识的案例，例如数学在金融、科学研究中的应用。通过 ClassIn 平台的文档分享功能，教师可以上传相关文档，进行解读和讨论，帮助学生更好地理解数学在实际生活中的应用场景。

（7）作业与评估。为了巩固学生的数学学习成果，教师可以通过 ClassIn 平台布置在线作业。这些作业包括实际问题的解答、数学证明的完成等。教师可以使用平台提供的在线评估工具对学生的作业进行及时评分和反馈。

通过这个案例，我们可以看到，数学学科借助在线教学应用策略，依托多媒体技术搭建数学场景，打破抽象概念的理解壁垒，让学生在游戏互动与实践操作中深化对数学原理的认知，有力推动数学教育朝着智能化、个性化的方向大步迈进。

3. 英语学科的在线教学应用策略

（1）准备教学课件。英语教师准备了一系列生动有趣的教学课件，包括英语语法、单词拓展、阅读材料等。这些课件通过 ClassIn 平台上传，教师可以在课堂上进行实时演示，向学生展示英语知识点，并配以生动的图片和表格。

（2）引入英语听力视频。为提高学生的听力理解水平，教师引入了英语听力视频，内容涵盖不同口音、语速和语境。通过 ClassIn 平台的视频功能，教师和学生一同观看视频，并在线实时互动解答相关问题。

（3）朗读与发音音频解说。为提高学生的发音准确性，教师使用音频功能进行朗读示范和发音解说。学生可以收听并模仿教师的发音，并上传自己的发音录音，教师可以给予实时的语音反馈，帮助学生纠正发音错误。

（4）实时语法讲解与互动。在课程中，教师通过 ClassIn 平台进行实时语法讲解。通过图文并茂的教学课件、图表、实例，学生更容易理解英语语法规则。同时，教师可以在实时互动中解答学生提出的问题，提高学生学习的积极性。

（5）在线阅读与讨论。为提高学生的阅读理解水平，教师在 ClassIn 平台分享了一些适合学生阅读的英语文章。学生可以在线阅读，然后通过实时讨论功能分享对文章的理解和看法，扩展对词汇和表达方式的理解。

（6）英语角在线演讲。教师组织了英语角在线演讲活动，鼓励学生展示他们的英语口语表达能力。学生可以通过 ClassIn 平台上传自己的演讲视频，教师和其他同学可以在线上进行评价和提问，提升学生的口语表达和交流能力。

（7）多媒体英语游戏。为提高学生对英语学科的兴趣，教师可以利用 ClassIn 平台进行多媒体英语游戏，包括单词拼图、语法填空等趣味性游戏，通过互动性的学习方式提高学生的课堂参与度。

（8）作业与评估。教师可以通过 ClassIn 平台布置在线作业，包括课后练习、写作任务等。通过在线评估工具，教师能够及时对学生的作业进行评分和反馈，帮助学生更好地理解和掌握英语知识。

通过这个案例，我们可以看到，英语学科借助在线教学应用策略，通过实时互动和多样化的学习资源，打造沉浸式学习环境，让学生身临其境地学英语，并搭建生动有趣的场景激发学生表达欲，强化其听说读写技能，推动英语教育向智能化、高效化发展。

七、在线教育平台的现状与挑战

随着科技的飞速发展和社会的不断进步，在线教育平台的崛起成为一场不可忽视的教育变革。这一新型教学模式不仅弥补了传统教育的空白，而且为学生提供了更为灵活、便捷的学习机会。在这次深刻的变革中，我们看到了在线教育平台的建设和应用所带来的积极影响。

首先，在线教育平台为学生提供了无限的学习空间。无论是时空限制，还是资源分布不均，都被在线教育打破了。学生只需一个连接互联网的设备，就能够随时随地获取到全球范围内的教育资源。这种灵活性为学生提供了更大的学习自主权，促使他们在更自由的环境下进行个性化学习。

其次，在线教育平台的建设丰富了教学手段和资源。通过多媒体教学、在线实验、实时互动等形式，教学内容更加生动有趣。教师可以充分利用平台上的各类资源，打破传统的教学边界，为学生提供更丰富多样的学科体验。这样的教学模式不仅拓展了知识的传递方式，而且激发了学生的学科兴趣。

最后，在线教育平台还为师生之间的互动提供了更多可能性。通过实时互动、在线讨论、作业批改等功能，学生能够更直接地与教师互动，获得更及时的反馈。这种互动不仅加强了教学过程中师生的沟通，也促进了学生之

间的合作和交流。

然而，任何一场变革都伴随着挑战。在线教育平台的建设和应用，需要更加深入的技术支持、更严密的安全体系、更全面的师资培训。在这一过程中，我们需要关注隐私保护、网络信息传播不平等、学科内容质量等方面的问题，以确保在线教育的全面可持续发展。

总体而言，在线教育平台的建设和应用是一场既具有挑战性又富有希望的教育革命。我们在这个新时代的教育舞台上，要积极拥抱变革，善用科技力量，推动在线教育的创新发展。只有如此，我们才能更好地满足现代社会对教育的多样化需求，让每一个学子都能够在教育的大舞台上展翅翱翔。

第二节　双师课堂让优质教学资源共享

在教育的演进历程中，新的教学模式和理念不断涌现。其中，双师课堂作为一种创新的教学模式，正在成为教育领域的焦点。双师课堂是一种以两位教师共同协作授课的教育模式，一位主讲教师负责课程内容的传授，另一位辅助教师则专注于学生辅导和管理。这一模式不仅引领着教学方式的变革，更关注着学生全面发展的需求，塑造着更加丰富和多元的学习环境。

双师课堂应运而生的背后是对传统教育模式的反思。在传统教学中，教师往往充当着知识的传递者和学生的引导者。而双师课堂则试图打破这一角色划分，通过引入专业领域的从业者，与教育者共同构建一个融合知识与实践的学习空间。

双师课堂的核心理念在于双师协同合作。一位是学科专业的教育者，负责教学设计和学科知识的传授；另一位是专业领域的从业者，负责实际案例分析和应用场景的讲解。这种协同合作不仅拓宽了学生的视野，更让知识在实践中得以被学生深刻理解。双师课堂致力于打破"一刀切"的教学模式，注重挖掘学生的个性化需求。通过教育者和专业人士的精心设计，学生可以选择适合自己学习风格的路径，培养更广泛的技能，提升学习的针对性和深度。双师课堂强调实践与理论的有机结合。教育者通过理论知识的传递，专业人士通过实际案例的分享，共同构建一个既有深度理解又有实际应用的学科空间。这种结合让学生能够更好地将所学知识运用到实际问题中，增强综合素养。双师课堂通过生动有趣的案例分析和实际应用，激发学生学习兴趣。

专业人士的现场讲解使学科知识更加具体化，学生更容易产生共鸣，从而在学习中保持积极性和主动性。

本节将深入探讨双师课堂这一教育模式的内涵和实践效果。通过对该模式的深度剖析，揭示它在教学变革中的独特地位和作用，为读者提供一个全面了解双师课堂、认识其发展历程和未来趋势的视角。希望通过本节的阐述，读者能够更深刻地理解这一引领教育新风向的模式，为教育改革和创新贡献自己的思考。

一、双师课堂的相关背景

双师课堂是教育、技术和社会背景交汇的产物。在教育方面，它解决了优质教育资源不均衡的问题，并满足了教学质量提升的需求，通过主讲教师和辅助教师的合作，提供了更高水平的教学。技术的发展则为双师课堂提供了现代化手段，借助多媒体和互联网，教学实现了丰富的互动和资源共享。社会的多元需求也促使双师课堂提供更多样的教学方式，满足学生个性化的学习需求。同时，教师在这一模式下也能相互合作、互相学习，提升教育质量和专业水平。综合而言，双师课堂的兴起将为学生带来更有效、更具互动性和更易于适应的教学体验，成为教育创新的有益尝试。

随着教育科技的迅速发展，课堂教学借助现代化技术路径，达成了互动形式的多样化以及资源的广泛共享，双师课堂则能充分利用多媒体、互联网等技术手段，为教学实践活动提供更充裕、多元的资源。同时，远程教育技术的进步也使主讲教师和辅助教师不再受地域限制，通过网络实现远程互动，为双师课堂的实施提供了有力支持。

双师课堂的崛起扎根于多元化的社会需求。这种需求来自社会对教育的广泛认知，即认识到学生兴趣、能力、学习方式具有多样性。双师课堂迎合了这种多样性，为学生提供了更为多样的教学方式，以更好地满足学生个性化的学习需求。同时，双师课堂也促进了教师的专业发展，教师在合作互动中提升教育质量，实现了专业技能的提升。这一趋势凸显了教育领域对高质量教学的追求，在技术发展和社会需求的共同推动下，双师课堂有望在各类教育环境中显现其积极作用，为学生打造更为有效、更具互动性和适应性的教学体验。

二、双师课堂对教育的影响

双师课堂对教育产生了多方面的积极作用和影响，主要表现如下：

1. 提高教学效果

双师课堂通过分工协作的方式，使主讲教师能够更专注于教学内容的传递，而辅助教师可以更专注于学生的个性化辅导。这种合作模式提高了教学的效果，促进了学生对学科知识的理解。

2. 促进学生个性化发展

双师课堂使辅助教师能够更全面地关注学生的学业和生活状态，实施个性化的辅导和关怀。这有助于满足不同学生的学习需求，推动学生在学业上的个性化发展。

3. 提升学生课堂参与度

在双师课堂中，学生更容易找到可以咨询和交流的对象，能有效提高其课堂参与度。辅助教师可以组织小组活动、鼓励学生提问，使学生更积极地参与课堂互动。

4. 创设更好的学习氛围

有了辅助教师的存在，课堂管理更有序，教室内的学习氛围更好。学生在这样的环境中更容易专注学习，教学效果得到提升。

5. 提高教师专业水平

双师课堂鼓励教师之间的协同工作和共同成长。主讲教师和辅助教师可以相互学习，分享教学经验，提高专业水平。

6. 加强多元化教学手段的应用

两位教师可以更好地协同利用各种教学资源，包括多媒体、在线平台等。这拓展了教学手段，为学生提供了更为多元、丰富的学习体验。

7. 促进个性化评价和反馈

在双师课堂中，辅助教师可以更全面地了解学生的学业状况，提供更具体的评价和反馈。这有助于学生更好地理解自己的优势和不足，从而更有针对性地进行学科学习。

总体而言，双师课堂的应用使得教育更趋向于个性化、关怀化，提升了学生的课堂参与度和学科素养。然而，这一模式也需要教育机构提供适当的培训和支持，以确保教师充分发挥各自的优势，为学生提供更全面的教育服务。

三、双师课堂的教学策略

深圳与其他地区在开展双师课堂教学时，教学策略因地区的经济发展水平、教育资源、科技创新水平以及学生群体等方面的差异而有所不同。以下是一些在深圳与其他地区开展双师课堂时的可通用的教学策略。

1. 科技整合与数字化教育

深圳作为中国的科技创新中心，十分注重科技整合和数字化教育。教师可以更频繁地利用先进的科技设备和在线教育平台，以提高教学的现代性和互动性。

2. 跨学科整合和创新教育

由于深圳具有培养创新创业精神的氛围，双师课堂更强调跨学科整合，引入创新教育方法，培养学生的创造力和对实际问题的解决能力。

3. 国际化教育

由于深圳的国际化特点，双师课堂教学内容更注重国际化，引入国际课程、国际教育资源，培养学生的全球竞争力。

4. 实践项目和创客教育

结合深圳的创新中心地位，双师课堂更注重实践项目和创客教育，通过实际项目培养学生的动手实践和团队协作能力。

四、双师课堂的案例分析

附小是教育部人工智能助推教师队伍改革建设试点校，与新疆喀什，广东肇庆、东莞等地区的双师课堂实现常态化、规模化、可持续化发展。本部分将结合具体的学科来介绍附小双师课堂的开展情况。

1. 语文双师课堂的介绍与运用策略

随着我国教育改革的不断推进，教师也应跟上教育改革的步伐，创新课堂教育方式，从根本上提升课堂教学质量，培养更多能够适应社会发展的人才。在网络等新兴技术不断发展的背景下，信息技术为教学方式的创新和发展提供了新的动力，其促进了双师课堂的发展，实现教学资源和师资力量的共享，提升课堂教学质量的同时推动了教学现代化发展。因此，在小学语文课堂教学中，教师应将信息技术充分利用起来，以此来构建独具特色的双师课堂。

经济的发展为教学方式的创新提供了基本保障，这就需要教师结合课堂教学的实际情况来培养创新型、复合型人才。近年来，随着我国经济发展速度不断加快，教育资源分布不均衡、教育地区发展水平差距大等问题逐渐显现，部分偏远地区教育资源匮乏、师资力量薄弱，在小学教学中经常出现班级多、教师少，师资力量难以平均分布等问题，这导致学生无法享受到优质的教育。在这种背景下，双师课堂作为一种新的教学方式，已经成为学校推动文化教育均衡发展的重要措施。在双师课堂的教学模式下，一位教师能够通过网络来进行更大范围的授课，能够解决部分地区小学师资力量薄弱、教育资源匮乏、课程内容单一等问题。因此，教师在小学语文教学课堂中，应当创新教学方式，更加深入地了解双师课堂这一教学模式，并借助双师课堂优化课堂结构，以此来为学生营造出优质的学习环境，激发学生对学习的兴趣和积极性，促进学生全面发展。基于此，本部分结合小学语文课堂教学的实际，提出了双师课堂在小学语文教学中的应用策略，供广大小学语文教师参考。

（1）双师课堂的实施方式。

双师课堂指的是线上教师讲课与线下教师对学生进行指导和管理相结合的课堂。一位是主讲教师，以网络为载体进行直播教学；一位是辅助教师，在线下对学生作品进行展示。两位教师相互协作、互相配合，使课堂教学效果得到提升。双师课堂对两位教师提出了不同的要求，一般主讲教师是由教学经验丰富、教学水平较高的教师来担任，而辅助教师一般则由教学经验相对较少、学习能力较强的青年教师来担任。为了确保双师课堂能够顺利实施，主讲教师和辅助教师都应当提升自身的信息化素养，从而能够熟练地利用信息化教学手段来提升小学语文课堂教学质量。文化教育与信息技术结合的互联网教学方式是一种低成本、高效的教学方式。双师课堂的开展需要借助网络直播平台、教学服务平台等，通常主讲教师通过网络直播平台进行远程授课等一系列教学活动，而辅助教师则负责学生作品展示。双师课堂可以借助网络直播平台可缓存、可回放的特性，使学生能复习过去所学的小学语文知识，以此来帮助学生巩固语文课程知识基础，提升学生的语文学科基本素养。

（2）在小学语文教学中应用双师课堂的意义。

传统的课堂教学方式，即使在同一学校也存在同一课程师资力量不足的问题，难以做到让所有学生都享受到优质的教育。因此，教师需要探索新的教学方式以解决这一难题，在这种背景下，双师课堂应运而生。双师课堂不仅解决了师资力量不足的问题，同时还能确保学生享受到优质的教育。

传统模式下的小学语文教师通常是借助教材完成教学的，学生只能从教师讲解的内容中汲取知识，形式较为刻板、缺乏活力，时间一长，学生将会逐渐失去对语文学习的兴趣和积极性，最终导致学生被动学习，无法实现真正意义上的语文教育教学价值。而双师课堂可以将语文教学变得更加生动、形象，辅助教师在线下教学过程中能够与学生近距离接触，尊重学生主体地位的同时尊重其个性化行为，促进辅助教师与学生之间的友好关系，有利于学生学习成绩的提高。而线上教学则是充分利用网络信息技术，将视频传送到相关教学平台上，实现教学资源网络共享，线上主讲教师通过多元化的教学资源给予学生全新的学习体验。学生即使在家里也能体会名师上课、名师指导的快乐，全面接触先进教学理念，从整体上提高学生语文学习水平。通过这样的双师课堂，学生可以结合自身的学习习惯和学习需求，对学习模式进行自主选择，提高学习效率和质量，全面增强个人能力。

（3）小学语文教学中双师课堂的运用策略。

第一，有效整合教学资源。现代信息技术的快速发展，使人们在生活和学习中产生了多种多样的数据，大量的数据信息如果不能进行有效处理和保存，将会产生一定的不良影响，所以云计算技术变得越来越重要。云时代背景下，小学语文教师要顺应时代积极发展，敢于创新，积极迎接挑战，充分利用云时代优势和作用，帮助学生优化整合教学资源，让各种各样优质的教学资源为学生所用。与此同时，教师一定要正确引导学生的学习习惯和方式，使学生从小就能学会利用优质资源进行语文学习，从而提升学生整体语文水平。除此之外，教师还要指导学生正确使用云平台，掌握语文学习资料查找的方法和技巧，从整体上提升学生语文学科核心素养，使学生充分认同双师课堂的学习模式。例如，教师可通过中国语文课堂、中小学语文教研网等优质教学网站进行教学资源共享，在教育教学过程中，充分利用语文特色学习网站，为学生提供丰富的学习资料。虽然学生通过云技术能够很方便地处理和保存语文学习资源，但是由于部分地区经济发展较为落后，学校硬件设施不完善，无法达到使用技术的相应标准。针对这一情况，教师可以通过自行下载资料存储在云端的方式，对语文学习资料进行保存，为学生提供学习资源。

第二，充分激发学生兴趣，贯彻双师课堂教学理念。兴趣可以帮助学生更好地学习，教师在语文教学过程中，为贯彻落实双师课堂教学理念，必须对学生兴趣进行积极引导，在日常生活中多多观察学生，结合学生的兴趣爱好对其进行有效教学，一旦学生对课堂产生浓厚兴趣，就会想进一步学习语文内容。在进行双师课堂教育教学过程中，主讲教师一定要充分利用游戏导入吸引学生的兴趣和提高学生的积极性，对出色回答问题的学生给予特效表扬或将其头像放大进行凸显，引导其他学生积极参与互动。辅助教师在线下教学时可以通过将学生作品上传展示的方式，配合主讲教师更好地完成教学。如在教授《桂林山水》时，主讲教师通过高清视频展示桂林山水的秀丽风光，配合舒缓的音乐，使学生仿佛置身于山水之间。辅助教师则适时引导学生观察画面，描述自己的感受，从而自然地引出课文内容，激发学生对课文的阅读兴趣，使他们渴望了解作者笔下的桂林山水之美。这发挥了双师课堂中情境教学的优势，将抽象文字与生动画面相结合，让学生更易融入语文学习情境。

对于一些具有情节性的课文，可以采用故事串联法，如《草船借箭》，主讲教师提前录制一段三国时期的背景故事视频，讲述各方势力的纷争以及诸葛亮面临的困境，引起学生的好奇心。辅助教师接着引导学生思考诸葛亮会如何应对，从而过渡到课文学习。在讲解过程中，双师配合，主讲教师负责详细讲解复杂的历史背景和人物关系，辅助教师则专注于引导学生分析课文中的人物形象和语言描写，通过故事串联，使学生对课文的理解更加深入，增强学习的趣味性。

在学习生字词时，可以用互动游戏与竞赛激励等字词游戏增加课堂的趣味性，利用在线教育平台的互动功能，开展"汉字拼图大赛"。主讲教师展示被分割的汉字图片，学生在规定时间内拼出正确的汉字，辅助教师在一旁观察学生的参与情况，给予鼓励和指导。比赛结束后，主讲教师对学生的表现进行点评，讲解易错字的结构和记忆方法，通过游戏化的方式提高学生学习生字词的积极性和主动性，同时增强双师课堂的互动性。

针对课文阅读，组织"阅读达人挑战赛"。主讲教师发布阅读任务和相关问题，学生阅读后在线回答问题，辅助教师监督比赛过程，确保公平公正。根据学生的答题速度和准确率评选出"阅读达人"，给予小奖品作为奖励。这种竞赛方式激发了学生的竞争意识，促使他们更加认真地阅读课文，提高阅读能力，也体现了双师课堂在教学过程中的激励作用，充分调动学生的学习热情。

由此可见，信息技术的快速发展为教育教学提供了重要的技术支撑，在小学语文双师课堂教学过程中，教师不仅要优化整合教学资源，还要不断提升自身专业水平，丰富教育教学形式，进而为学生创造优良的学习环境，提升学生的学习质量和效率。"双师课堂"背景下，教师一定要顺应时代发展，与时俱进，不断创新，科学化教学，构建高品质、高效率的语文课堂。

2. 数学双师课堂的介绍与运用策略

本部分双师课堂的案例，是附小和肇庆市封开县长安镇中心小学（以下简称"肇庆学校"）一起开展的。两校的教材并不相同，附小采用的是北师大版教材，肇庆学校采用的是人教版教材。考虑到双师课堂的特殊性，为了更好地兼顾两地学生，课前笔者进行了学情分析：肇庆学校的学生们偏向于传统性教学的课堂，双师课堂具有一定的带动性，为此，笔者选择了他们更熟悉的人教版教材，但选择的课程又属于综合实践类的活动课——认识排列。排列在生活中十分常见，但二年级的学生还没真正感受到排列的思想，因此让学生感受排列的思想方法在日常生活中的应用，感受数学与生活的密切联系，激发学生学习数学、探索数学的浓厚兴趣就是本节课的教学目标。两地学生有相同的学习基础，这样的教学内容不仅贴近学生，而且具有趣味性，有利于学生核心素养的培养。

（1）设计大情境大问题。

对于二年级学生而言，通过情境去解决问题特别重要。而如果是为了设置情境而生搬硬套，会显得生硬、不贴近教学内容。为此，笔者根据教学内容设计了"熊出没之森林探险"这样的大情境，让学生在情境中发现"搭配"的奥秘，体会排列的思想方法。笔者还设计了"破解密码""地图涂色""拍照搭配"这三个大活动串联整个情境，也就是这堂课的情境是一个大的数学情境，让学生在摆、记、涂、写、数等活动中解决"如何有序找出排列数的方法"这一大问题。整体设计基于新课标的理念，注重对学生核心素养的培养，发展学生的数感，在探索中培养学生的推理能力。

（2）注重技术赋能教学。

双师课堂主要是通过信息技术来实现教学的，连接起两个不同空间下的学生，打破了时间、空间的阻碍，共享教学资源。在这一节双师课堂的设计上，笔者考虑到虽然技术能连接异地异校的学生和教师们，但只有在教学中真正做到兼顾两地的学生才能完成真正的"双师"目标。在教学设计中，笔者注重在活动中给予两地学生同等的展示机会，让两地学生共同参与每个活动，大胆表达、相互交流，最大限度地发挥双师课堂的互动功能。同时，使用平板电脑助教，教师随时拍照上传学生作品，让技术服务教学。但在实际课堂中，因为受限于课堂时间与以往习惯，有时无法给足异地学校的学生展示机会，在之后的教学中应更加注重课前的双师沟通，在课堂设计上要更加灵活开放，让双师课堂发挥出更大的作用。

双师课堂可以使教师之间互补，也对教师提出了更高的要求。教师在平时的教学中要多用技术赋能教学，也要更加努力钻研教学方法与技术特点，更有针对性地进行个性化教学，让教学在信息技术的助力下更显生机。

3. 英语双师课堂的介绍与运用策略

随着基础教育课程改革的不断深化，提升学生的核心素养正在成为教育界共同的目标。2014年，教育部发布了《关于全面深化课程改革落实立德树人根本任务的意见》，从政策层面提出了"核心素养"这一重要概念，提出"教育部将组织研究提出各学段学生发展核心素养体系，明确学生应具备的适应终身发展和社会发展需要的必备品格和关键能力"。教育部将英语学科核心素养界定为"学生在接受相应学段英语课程教育的过程中，逐步形成和提升的适应个人终身发展和社会发展需要的必备品格和关键能力，综合表现为四大素养，即语言能力、文化品格、思维品质和学习能力"。核心素养培养俨然成了新时期小学英语教学的目标，无论是线上教学还是线下教学，对学生核心素养的培养都具有重要意义。

随着信息技术的发展，同时受到疫情影响，线上线下混合式教学成了小学英语教学中新的选择和趋势。双师课堂作为线上线下混合式教学的一种新模式，正在获得越来越多的关注。双师课堂能打破空间的限制，有利于实现优质教育资源共享，促进不同地区之间的教育公平。双师教学是一种系统的、伴随式的教学模式，给相对偏远学校的学生带来了前所未有的体验，体现了教育的公平。在本次研究中，深圳与东莞两地教师选用ClassIn软件作为技术支撑，开展了一节两地学生共上一课的课堂探索。本次双师课堂采用直播的方式，深圳教师作为主讲教师，进行授课环节；东莞教师作为辅助教师，辅导东莞的孩子进行具体任务的落实。双师课堂模式既可以很好地弥补网络课堂的不足，又能促进两地教师集体备课，是一个非常实用的选择。

（1）双师课堂教学设计。

双师课堂云端两边的学生来自不同地区，学习不同的教材，学生的基础有差异。为了让教学设计符合深圳、东莞两地学生的需求，主讲教师和辅助教师在课前针对学情和教材进行了充分的交流、研究与梳理，在整合取舍后确定了本次双师课堂的教学主题：深圳牛津版教材二年级上册 Unit 7　In the Playground。游乐场是孩子们熟悉并且非常感兴趣的主题，难度适中，容易引起两地学生的共鸣。在进行课堂环节设计时，两位教师进行了多次沟通、试课，在充分磨合后制订了适合两地学生的方案。

学情分析：本单元教学对象为二年级第一学期的学生。他们活泼好动，对英语学习充满兴趣，喜欢游戏、模仿、表达。本年段学生学习以具象思维为主，故教词汇时，应采用图片、动作等多种形式来加深他们对词汇的印象。

深圳、东莞两地学生都是从一年级开始学习英语。经过了一年的英语学习，二年级的学生积累了一定的词汇量，具备了一定的听说唱演能力。

本年段的学生往往注意力不集中，情绪不稳定，所以教师应通过声音、动画、视频、游戏等形式来吸引学生的注意力，调节课堂节奏和气氛。

本单元教材分析：本单元主题为 "In the Playground"，是学生非常喜欢的儿童游乐场主题，贴近学生的生活。通过本单元的学习，学生能够运用所学知识描述儿童游乐场中的各种游乐活动，体会游玩和学习语言的双重快乐。

单元设计整体思路：本单元教学遵循从易到难的学习原则，共分为三个课时。第一课时以新词与句型学习为主；第二课时在复习第一课时内容的基础上，拓展学习更多句型与单词；第三课时综合前两个课时学过的知识，引导学生进行创造与表达，实现语言输出。

第一课时的话题为 "Knowing about the playground"。设置情境：Maisy Mouse 和 Eddie 在儿童游乐场相遇，一起认识游乐场里的活动项目，学习新单词 "slide"" swing"" seesaw"，以及新句子 "What can you see? I can…" 复习之前单元学习过的句子 "What colour is it? It's …"

第二课时的话题为 "Playing in the playground"。设置情境：Maisy Mouse 画了一幅游乐场的图画，她和 Eddie 进入图画中，游玩图画中的游乐场。本课时通过游乐场里的 "monkey" 和 "nightingale" 学习字母 "m" 和 "n"；本课时拓展了更多有关游乐场的词汇，并从句子 "What can you see?" 引出 "What can you do in the playground？" 介绍在游乐场中可以做的活动。

第三课时的话题为 "My dream playground"。设置情境：从 Maisy Mouse 画的游乐场中出来之后，Eddie 也想自己设计一个 "dream playground"。复习前两个课时的知识，并综合运用所学知识，让学生进行语言输出。

（2）基于核心素养的课堂实操。

①借助网络技术，挖掘线上资源。

在科技发展日新月异的今天，熟练使用网络技术已成为教师的必备技能。教师应跟紧时代，积极学习和使用现代科技，充分利用网络资源来丰富自己的英语课堂，深度挖掘各种线上资源来增强学生的学习兴趣，培养学生的核心素养。

在本课的导入环节，教师基于教材以及二年级学生好动、喜欢歌曲和动画的年龄特征，在网上挑选与本课主题吻合的动画 *Maisy Mouse* 里的"Playground"这一集引出主题，通过动画人物和动画视频激发两地学生的学习兴趣。

在小结与拓展环节，教师利用信息技术截取、合成单词动画视频，复习本课重点词汇："slide" "swing" "seesaw"，并拓展与本课相关的词汇："sandbox" "monkey bars"，使两地学生在轻松愉悦的氛围中自然而然地学习单词，培养其语言能力。

在德育环节，教师通过可爱、贴近主题的动画视频，教育学生在游乐场游玩时要注意安全，培养两地学生的文化品格。

此外，在课后活动环节，教师借助网络资源给学生准备了绘本"At the playground"，通过绘本学习重点词汇与句型，让学生跟读、模仿，在培养学生语言能力的同时，增强学生对游乐场的文化认知。

有意识地运用线上教学资源，有利于缩小两地学生的心理距离，如此既使双师课堂更好地为培养学生的核心素养服务，也使教师在学生核心素养培养中能掌握更多主动权。

②增强课堂互动，促进合作学习。

英语作为一门语言学科，在教学中需要大量的口头表达、师生互动、生生互动。互动是小学英语教学中至关重要的环节，只有在不断互动、操练中，学生才能潜移默化地掌握词汇和句型，并对课文内容进行思考。这些互动在传统的线下教学中很好开展，但双师课堂打破了空间限制，教师与学生、学生与学生无法同处一个空间，容易出现师生、生生互动不足的弊病。因此，双师课堂需要主讲教师与辅助教师精诚合作，共同引导学生互动、交流，将更多的提问和回答权利交还给学生，让学生的学习真正发生。

该课程中，由于两位教师在课前已经对课堂各个环节进行了充分的交流与磨合，在实际课堂实践中，两位教师合作默契，课堂互动有序展开。在本课中，教师设计了很多小组合作、同桌对话、师生互动、生生互动的环节，例如同桌对话表演、小组合作介绍学习单词、师生问答、生生分角色朗读等。每次活动由主讲教师引出，统筹深圳与东莞两边的完成情况，辅助教师则帮助引导学生积极开展活动。每次活动后，主讲教师会分别邀请深圳和东莞的学生回答或展示，最大程度地兼顾两地的学生，实现课堂公平。ClassIn支持两地同时打开摄像头，为互动提供了更好的感官体验，拓展了线上教学的互动模式。这些合作与互动活动极大地拉近了两地学生和教师间的距离，使两地学生在互动中交换信息，提高信息输入效率，丰富表达输出方式，培养了两地学生的语言表达能力、思维能力与合作学习能力。

课堂互动是一种有效的语言交际活动，是学生实现语言实践的重要机会，学生在互动的过程中学习语言，同时培养了合作能力、学习能力，锻炼了思维能力。

③巧妙设计游戏，提高学习兴趣。

《小学英语课程标准（2022年版）》提出，基础教育阶段，英语学科的主要任务为激发学生的学习兴趣，帮助学生建立学习自信心，使学生养成良好的学习习惯，教授学生有效的学习策略。游戏是激发学生学习兴趣的重要方式。

在双师课堂中，两地的学生既要看当地的课件、板书、教师，又要看对面的摄影画面，这就导致学生容易分心。因此，在本次双师课堂中，教师围绕教学任务，精心设计了多种游戏，创设引起学生兴趣的学习氛围，使得学生在轻松愉快中练习并习得语言知识，并从多方面来培养学生的学习能力。例如，在学习单词"swing"时，教师设计了二年级学生非常喜欢的"开火车"的小游戏，邀请小组学生轮流起立说单词，并做出相应的动作，这个游戏让学生在练习核心单词的同时，锻炼小组合作能力。又如，在学习单词"seesaw"的时候，教师设计了"大小声"的游戏，让两地孩子注意观察教师的手，根据教师手的高度来调节读单词的音量。这个游戏让学生在学习单词的同时，锻炼专注力、观察力、反应能力，有利于培养学生的语言能力和学习能力。

在小学英语教学中，依据小学生的心理特点，恰当地加入教育游戏，有利于调节课堂气氛，调动学生学习英语的积极性，锻炼学生的思维，培养学生的学习能力与合作能力。

④精心设计练习，锻炼思维品质。

练习既是学习过程，又是提高学生学科素养的有效手段。双师课堂面向的学生多，教学时间有限，教师难以对教学目标的达成度有清晰的了解。因此，教师应布置相应的课后练习，以使课堂活动得以延续，也得以检测学生的学习效果。教师应引导学生主动学习，并且最大限度地输出、运用语言。在布置课后练习时，教师应注意将新建构的知识与学生原有的语言能力相结合，并进一步挖掘学生的潜能，因材施教，设计分层练习。教师亦应注意作业知识性与趣味性的结合，丰富作业内容、种类。

本课设置了两项必做练习和两项选做练习。必做练习：a. 听读本课的单词和课文；b. 在学习单上画一画自己心中的游乐场，并介绍。选做练习：a. 跟读绘本 *At the Playground*；b. 发挥想象，模仿制作一本与"playground"有关的绘本。教师根据学生学习程度的不同，设计了分层作业。教师通过必做作业巩固本课的核心语言知识，培养学生的综合语言能力和自主学习能力；又设计选做作业进行分层教学，将本课新知识与已经学过的知识相融合，给学生提供更多的语言材料，帮助学生丰富和提炼语言，进行语言输出，提升学生语用能力。教师在选做作业中将语言学习与文化相结合，激起学生的兴趣，唤起学生的跨文化意识，同时，教师鼓励学生自主创作，进一步提升学生的语言能力、文化品格、思维品质和学习能力等核心素养。

综上所述，练习对培养学生的核心素养发挥着重要的作用，教师应充分利用线上线下资源，结合教材和学生的年龄性格特点进行作业设计。在设计作业时，教师要注意知识之间的衔接，坚持分层教学，因材施教，以提升学生核心素养为主要目的。

4. 结语

总而言之，科技正在改变着教与学，双师课堂已成为一种全新的重要教学形式，与此同时，如何在双师课堂教学中培养学生的核心素养已成为教师必须思考的问题。核心素养思想对于小学双师课堂的实施有着重要意义，其为双师教学提供了方向性的引导。在核心素养思想的指导下，两地教师都能更好地丰富和优化自己的教学设计，帮助学生更好地学习、运用学科知识。但双师课堂作为一项较为新颖的教学选择，对两边的教师都提出了很大的挑战。教师如果对在双师课堂中培养学生的核心素养缺乏经验，就容易出现难以为学生核心素养培养提供有效支撑的情况。因此，小学教师要积极接受与学习双师课堂这一创新的教学方式，充分利用信息资源，精心设计教学，在实践中研究，加强教学反思，思考和探索如何在双师课堂中培养和提升学生的核心素养，让不同地区的学生在教师的引领下，能共同学习，锻炼思维，提高学习能力，实现不同区域学生的共同全面发展。

五、智能工具和平台背景下的双师课堂的总结与展望

随着信息技术的迅猛发展，智能工具和平台的引入为教育领域带来了深刻的变革。在这一趋势下，双师课堂作为一种创新的教学模式，结合了线上和线下的优势，得到了广泛的关注和应用。以下是对这一背景下双师课堂的总结。

（1）教育体验提升。智能工具和平台为双师课堂提供了更多教学资源和互动工具，丰富了教学内容，提升了学生的学习体验。

（2）个性化学习。基于智能算法的个性化学习路径设计，使学生能够根据自身水平和兴趣进行更有针对性的学习，实现了教育的个性化。

（3）全球教育连接。双师课堂通过互联网连接了全球的教育资源，让学生能够接触到更广泛的知识和文化，促进其全球化视野的形成。

（4）教师专业发展。教师在双师课堂中能够更好地利用智能工具进行课程设计、学生评估等方面的工作，提高自身专业水平。

展望未来，双师课堂将着力在以下几个方面进一步发展。

（1）智能化水平进一步提高。未来，随着人工智能技术的不断发展，智能工具和平台的智能化程度将进一步提高。从智能教辅到个性化教学推荐，智能工具将更好地贴合学生需求，构建更为智能化的双师课堂。

（2）跨学科整合。双师课堂将更加注重跨学科的整合，打破学科之间的壁垒，提供更具有综合性和创新性的教学内容，培养学生的跨学科思维。

（3）更全面的评估体系。随着教育技术的发展，双师课堂的评估体系将更全面，包括对学生的认知、情感和实践等多个层面的评估，使教育更贴近学生全面发展的需求。

（4）教学方法创新。智能工具和平台的发展将促使更多创新教学方法的涌现，例如基于虚拟现实的实践教学等，丰富双师课堂的教学手段。

（5）国际合作与交流。双师课堂将成为促进国际教育合作的桥梁，教育资源的跨境共享将更加便捷，学生将更容易接触到来自世界各地的优质教育资源。

总体而言，智能工具和平台下的双师课堂在跨学科整合、创新教学手段、

推动教育国际化等方面有着巨大的潜力，为未来教育的发展打开了崭新的局面。

第三节　学生个性化学习的实现与评估

随着信息技术的飞速发展，智能工具逐渐融入教育领域，为教育提供了新的可能性。其中，智能工具赋能课堂混合式教学，成为推动学生个性化学习实现与评估的重要手段。传统教育模式面临的挑战促使我们寻求创新，而智能工具的引入为教育带来了更为灵活、个性化的教学方式。在这个时代，我们需要审视如何通过智能工具的赋能，推动课堂混合式教学更好地实现学生个性化学习，并对其进行有效评估。

一、智能工具实现学生个性化学习的途径

在当今数字化时代，教育不再是一种标准化的模式，而是渐渐转变为更为个性化的学习体验。这个变革的推动者之一就是智能工具，其作为教育领域的崭新角色，为学生提供了更个性化、有针对性的学习途径。智能工具的引入，不仅是技术的进步，更是教育方式的创新，为学生打开了通往知识的独特之门。

在这一背景下，我们将深入探讨智能工具实现学生个性化学习的途径。从智能教育平台的个性化设计到自适应学习路径的提供，再到在线资源的个性化推荐，智能工具正在成为个性化学习强有力的支持者。通过这些途径，我们能够更好地适配学生多样性的学科需求、学习风格和兴趣爱好，为塑造更为个性化、全面发展的学生提供了有力工具。然而，这一切并非止步于技术的应用，更涉及对教育理念的重新审视。个性化学习的实现并不能只靠简单的技术堆砌，更需要教育者思考如何更好地发掘学生的潜能、激发他们的学习热情。智能工具的崭新应用是一场革命，将教育模式转变为个性定制模式，培养更具创造力、批判性思维和适应力的学生。

本部分将探讨智能工具如何为学生打造个性化的学习路径、提供定制化的在线资源，以及如何通过实时反馈和个性化辅导促使学生更好地发展。这不仅是对技术的应用，更是对教育个性化的一次深刻反思，为我们展现一个

更加智能、更加关注每个学生需求的未来。

1. 智能教育平台的引入

利用智能教育平台，教师能够更好地了解学生的学科水平、学习风格、兴趣爱好等信息，为每位学生制订个性化的学习计划。

2. 自适应学习路径

智能工具能够根据学生的学习表现，为其生成个性化的学习路径。对于学生掌握较好的知识点，提供拓展性的内容；对于学生掌握薄弱的知识点，提供更为详细的讲解和练习。

3. 在线资源的个性化推荐

利用智能工具，教师可以根据学生的兴趣和学科需求，推荐相应的在线学习资源，包括视频、文献、模拟实验等，以丰富学生的学习体验。

4. 实时反馈与个性化辅导

智能工具通过实时监测学生在学习过程中的表现，生成详细的学习反馈。教师可以据此为学生提供更为精准和个性化的辅导。

二、评估学生个性化学习的方法

1. 学习成果数据分析

利用智能工具对收集的学生学习数据进行深度分析。从中可以看出学生在不同知识点上的表现，为教师提供有针对性的改进建议。

2. 学科综合评估

将学生在不同学科上的学习表现进行综合评估，了解其在整体学科体系中的优势和不足，为制订个性化学习计划提供依据。

3. 学习历程记录

智能工具能够记录学生的学习过程，包括学习的时间、频率、重点关注的内容等。通过这些记录，教师可以更好地了解学生的学习习惯和态度。

4. 学生自我评价

智能工具创设机会，让学生参与个性化学习计划的评估。通过学生的自我评价，教师可以了解他们对个性化学习的认知和期望，进一步调整教学策略。

本章小结

　　智能工具赋能课堂混合式教学，为实现学生个性化学习提供了新的路径。然而，如何科学有效地评估这一过程是一个亟待解决的问题。通过深入研究与实践，我们或许能够更好地利用智能工具，推动教育朝着更为个性化、全面发展的方向迈进。在这个不断创新的时代，为学生提供更适合他们需求的学习环境，是我们共同的责任和使命。

　　混合式教学将传统面对面教学与在线教学相结合，为学生提供更灵活的学习方式。智能工具在其中的作用尤为引人注目，例如赋能双师课堂、个性化学习等，满足学生多样化的学习需求。这种混合式教学模式打破了传统教学的时空限制，为学生创造了更加自主、富有互动性的学习环境。

　　然而，随之而来的问题是如何科学有效地评估混合式教学。传统的评估方式可能无法充分覆盖新型教学环境的特点，因此需要更加灵活和多样化的评估方法。同时，智能工具的引入也带来了数据的大量积累，如何从这些海量数据中提炼出有意义的评估信息成为亟待解决的问题。在解决评估难题的过程中，创新评估方法的重要性再次凸显。创新评估方法可以从多个方面入手。首先，可以考虑采用多维度的评估体系，包括知识水平、实际应用能力、学科跨度等多个方面，以全面地了解学生的学习情况。其次，可以借助大数据和人工智能技术，建立个性化的学习轨迹和学科素养模型，从而更精准地评估每位学生的发展状况。

　　混合式教学中，教师的角色也发生了转变。传统教学中，教师主要扮演知识传授者和班级管理者的角色，而在混合式教学中，教师更像是学生学习过程的引导者和技术的协助者。因此，这对教师的专业素养也提出了更高的要求，他们需要具备更强的技术运用能力、更灵活的教学方法，并能够灵活地应对学生的个体差异。

　　尽管面临诸多挑战，但在混合式教学中，智能工具的赋能仍为个性化学习提供了强大的推动力。通过智能化的学习路径规划，学生可以更加有针对性地学习，弥补自身知识的疏漏。而实时反馈机制则使学生能够更清晰地了解自己的学习状况，及时调整学习策略，提高学习效果。

　　在这个不断创新的时代，为学生提供更适应他们需求的学习环境，是我们共同的责任和使命。教育者、技术专家、决策者等各方需要紧密合作，不断优化混合式教学的模式和评估体系。同时，各方也需要关注教育资源的公平分配，确保每个学生都能够充分受益于这一创新。

综合而言，智能工具赋能课堂混合式教学是教育领域的一大创新。在实现学生个性化学习的过程中，我们需要面对和解决评估的难题。通过深入研究和实践，我们或许能够找到更科学、更有效的评估方法。混合式教学为教育带来了新的可能，而我们共同的目标是确保这一创新能够真正造福每一个学生，助力他们在未来社会中全面发展。

第四章

人工智能助推教师专业发展

在智慧教育的时代，信息技术的飞速发展正在深刻地改变着教育的面貌。教育不再仅仅是传统的知识传授，而是朝着数字化、智能化的未来迈进。在这个变革的过程中，教师信息素养的提升显得尤为关键。

教育领域的智慧化，不仅仅是教室里黑板和书本的升级，更是一场涉及教育理念、教学方法、教育管理的全方位变革。在这一背景下，教师信息素养的提升成为教育体系变革中不可或缺的一环。

教师信息素养不再只是熟练操作计算机和使用软件工具，更是教师适应并引领智慧教育的核心能力。这需要教师具备深刻的信息意识，能够主动获取、评估和利用信息，使信息成为教学的有力支持。同时，还需要教师具备跨学科的信息应用能力，将信息技术融入各个学科的教学中，创造更加丰富、生动的学习体验。

提升教师信息素养不仅是为了应对技术的变革，而且也是为了更好地服务于学生的全面发展。智慧教育的目标是通过科技手段促进学生的个性化发展，培养其创新精神和实践能力。而这不仅仅需要教师在技术上具备娴熟的操作，更需要其在教学设计、学科知识整合、学生关怀等方面有着高水平的信息素养。

本章将深入探讨在智慧教育背景下，教师信息素养的提升路径、挑战和机遇，剖析信息素养的内涵，探讨教师在数字化、智能化教育中的新定位，以及如何通过培训、实践、协作等手段实现教师信息素养的全面提升。在这一不断演变的教育时代，教师信息素养的提升将助力教育事业更好地迎接未来的挑战，为学生创造更丰富、更个性化的学习环境。

第一节　教师职业素养的培养与发展

在当今社会，教师不仅仅是知识的传授者，更是学生成长道路上的引导者和启蒙者。教育肩负培育人才、推动社会发展的重任，而教师的职业素养则是构筑高质量教育的基石。在这个复杂多变的时代，教师的角色不断拓展，教师需要具备更为综合和深厚的素养，以更好地适应学生多样性的需求和社会的发展变化。

教师的职业素养不仅包括丰富的学科知识，更涵盖了良好的职业道德、卓越的教育技能、强大的人际关系能力，以及对专业发展的持续追求。这是一个全面、复杂而又深刻的概念，是教师塑造学生性格和未来的重要力量。

本节将深入探讨教师职业素养的内涵、教师职业素养的培养困境及应对方法等。通过了解教师素养的多个方面，我们将更清晰地认识到教育工作者所肩负的责任和使命，也能够更好地反思如何不断提升自身素养，更好地履行教育者的职责。

一、教师的职业素养

教师的职业素养是指教师在教育工作中所需要具备的一系列专业技能、道德和个人能力。这些素养直接影响着教育工作的质量和效果，对学生成长和发展具有深远的影响。以下是教师职业素养的主要方面。

1. 专业素养

学科知识与教育理论：对深厚的学科知识和最新教育理论的理解，使教师能够有效地传授知识。

教学设计与评估：能够设计具有挑战性和启发性的教学内容，并能够科学、全面地评估学生的学业表现。

2. 教学技能

课堂管理：能够有效地组织课堂，管理学生行为，营造积极的学习氛围。

多媒体教学：能够运用现代技术手段，如电子白板、在线资源等，提高教学效果。

3. 个性化教育

差异化教学：了解学生个体差异，能够采用差异化教学策略，满足不同学生的学习需求。

关怀与激励：关心学生的成长，激发学生的学习兴趣和动力。

4. 沟通与人际关系

与学生沟通：善于与学生沟通，具有亲和力，使学生更愿意与教师合作。

与家长合作：积极与家长沟通，共同关注学生的学业和发展。

5. 道德伦理素养

职业操守：遵守教育法律法规，坚守职业操守，保护学生的权益。

诚信与公正：保持诚实和公正，公平对待学生，不偏袒或歧视。

6. 专业发展

终身学习：愿意不断学习新知识，关注教育领域的最新成果。

专业研究：积极参与教育研究，提高教学水平，为学科发展贡献力量。

7. 团队协作

与同事合作：能够与同事建立良好的合作关系，共同促进学校的发展。

参与学校事务：积极参与学校的各类活动和决策，为学校建设贡献力量。

8. 创新与适应力

教学创新：善于尝试新的教学方法，保持创新精神。

适应变化：能够适应教育环境的变化，灵活应对各种挑战。

综合而言，教师职业素养是一个全面的概念，涵盖了专业、人际、道德等多个方面。具备高水平的职业素养不仅有助于教师自身的成长，也能够为学生提供更优质的教育服务。

二、教师培养的困境——以深圳为例

深圳，作为中国改革开放的前沿城市，以其经济的飞速发展和高科技产业的崛起而闻名于世。在这个现代化都市中，教育的重要性愈发凸显。然而，随着城市的迅猛发展，与其他城市的教师一样，深圳教师培养所面临的困境也逐渐显露。在城市中，教育要培养学生更具国际竞争力的综合素质，帮助其适应高科技产业的发展需要，也要应对来自家长和社会的高期望。深圳的教师培养体系在融合创新与传统的同时，面临着一系列挑战，这些挑战涉及师资队伍、教育资源、社会压力等多个方面。

1. 高新科技产业与城市快速发展的挑战

知识更新压力：深圳的高新科技产业发展较快，教师需要不断更新知识，适应科技进步对教育的影响。

城市化带来的多样性：城市化过程中，学生群体多元化，教师需要适应不同文化背景的学生。

2. 教育资源分配不均

学校差距：一些区域的学校可能缺乏足够的教育资源，包括师资、教材、实验设备等，导致教学质量不佳。

3. 社会期望压力

社会期望高：在深圳这样一个经济发达城市，社会期望较高，教师面临较大的教育压力。

4. 师资队伍建设

人才流失：由于深圳的多行业高薪水状态和丰富多样的发展机会，一些优秀的教育人才可能会选择离开教育领域，造成师资流失。

招聘难度：吸引高质量的教师可能面临竞争激烈的局面。

5. 创新教育与教师培训

教师培训与创新：高科技产业发展带来了对创新教育的需求，但是教师培训可能跟不上科技发展的步伐，需要更加注重对培训机制的改革。

6. 薪酬水平

薪酬与生活成本：深圳的生活成本相对较高，但教师的薪酬并不一定与之匹配，可能会影响教师的工作积极性。

7. 社会认可度

社会地位：虽然教师在社会上的地位逐渐提升，但相对于其他行业，教师仍可能面临一些社会认可度不足的问题。

8. 教育改革挑战

教育体制改革：教育体制的改革可能受到一些传统观念的制约，但实际上教育需要更大力度的改革来适应时代的发展。

解决这些问题需要政府、学校和社会多方面的努力。加强教师培养，提高教师的综合素质和教育水平，同时改善教育资源分布和薪酬水平，可以为深圳教育的长期健康发展提供更好的保障。

三、智慧教育背景下教师信息素养的提升

在人工智能的引领下，教育领域正在经历前所未有的变革。AI 课堂分析系统（以下简称"AI 系统"）作为其中一项创新技术，正逐渐渗透进教育现场，为教师专业发展提供了新的可能。在这个充满活力和挑战的时代，如何善用 AI 系统，提升教学水平、适应学生需求，成为摆在每位深圳教师面前的一项重要任务。本部分将从多个角度，剖析 AI 技术如何成为教育创新的有力助手，为教师在智能时代中更好地履行教育使命提供支持。

在这个数字化、智能化的时代，我们期待 AI 系统能够为深圳的教育事业注入更多的活力和智慧。通过充分发挥人工智能的优势，我们有望建立更为智能、高效、创新的教育体系，让深圳的每一位教育者都能在这场变革中不断进步、蓬勃发展。

AI 系统作为课堂洞察工具，通过对课堂整体表现、互动交流和思维激发等方面的分析，为教师提供了有意识地发现、分析和优化教学方式的有效途径。AI 系统助推教师专业发展包括如下几个方面：

1. 课堂表现的即时反馈

课堂整体表现：AI 系统通过对课堂整体表现的分析，提供了教学意图实现情况的反馈。教师可以了解自己在课堂上的表现是否成功传达教学目标。

教学效果序列：AI 系统通过分析教学效果序列，帮助教师评估自己的教学效果。这有助于教师了解哪些教学环节更具有影响力，哪些需要调整以提升教学效果。

课堂特点：AI 系统关注每个课堂的不同特点，包括教学风格、学生反应等。通过分析这些特点，教师可以更好地了解自己的教学风格，并灵活调整以满足学生的需求。

教与学过程基本参数：AI 系统提取教与学过程中的基本参数，帮助教师了解教学过程中的关键指标。这有助于教师更有针对性地优化自己的教学策略。

2. 互动交流的呈现

弗兰德斯言语互动（FIAS）：AI 系统利用弗兰德斯言语互动分析技术，检查教师和学生在言语交流中的互动情况。这有助于教师更好地了解自己在课堂中的语言表达效果。

问答评模式（IRE）：这是 AI 系统评估问答交流的模式，揭示教师提问和学生回答的方式。教师可以通过它分析了解课堂问题互动的效果，并在必要时调整提问方式。

教学活动类型（S-T）：这是 AI 系统分析不同教学活动类型中的师生互动情况，有助于教师了解不同教学活动对师生互动的影响，从而更好地设计课堂活动。

3. 课堂类型的思维激发

教师的知行教学风格：AI 系统探讨教师的知行教学风格，帮助教师更好地理解自己的教学特点。这有助于教师优化教学方式，优化学生的学习体验。

推动有效学习的程度：AI 系统评估教师推动有效学习的程度，为教师提供改进建议。这有助于教师更有针对性地设计课程，提高学生的学习效果。

兼顾不同学生的学习风格与思维特点：AI 系统分析教师是否兼顾了不同学生的学习风格和思维特点，提供个性化的学习支持。这有助于教师更好地满足不同学生的学习需求。

激发学生想象力：AI 系统关注课堂是否激发了学生的想象力，提供创造性思维的空间。教师可以通过它分析了解课堂是否鼓励了学生发展创新思维。

课堂思维结构：AI 系统分析整个课堂的思维结构，包括逻辑性和创造性思维的结合。这有助于教师更好地规划课程，使之更富有深度和广度。

通过以上三大方面的详细分析，可以发现，AI 系统不仅提供了对教学的全方位评估，还为教师提供了个性化的专业发展建议，助力其在教学实践中不断提高水平。这种智能化的教学辅助工具有望成为教育领域的重要支持力量。

四、人工智能在提升教师职业素养方面发挥重要作用

随着人工智能技术的飞速发展，教育领域也在逐步拥抱这一数字化时代的变革。本部分将讨论人工智能如何助推教师职业素养的培养与发展，强调其在提升教学质量、个性化教学、专业发展等方面的积极作用。

首先，人工智能在教学中的应用使教育更加个性化、精细化。通过智能化的教学辅助工具，教师能够更全面地了解学生的学习状态和需求，有针对性地调整教学策略，实现个性化辅导，促进学生的全面发展。

其次，人工智能助力教师提升专业水平。智能教育平台、AI 课堂分析系统等工具通过数据分析和反馈机制，为教师提供了全方位的教学评估。这不仅有助于教师深入理解自己的教学风格和效果，还为其提供了个性化的专业发展建议，推动其在教育领域不断成长。

最后，人工智能使教育变得更加开放、创新。教师在人工智能技术的支持下，可以更灵活地设计教学内容，探索创新的教学方法，激发学生的创造力和想象力。这种开放性的教育模式有助于培养学生的综合素养，使其更好地适应未来社会的需求。

然而，我们也要意识到人工智能在教育中的应用是一个不断发展的过程，在这一过程中我们需要平衡科技与人文的关系，保障教育的人本价值。教育本质上是一项人的事业，而人工智能只是其中的一种工具。在培养教师职业素养的同时，我们也需要关注教育的人情味，注重师生之间的情感沟通和人际关系建设。

总体而言，人工智能的崛起为教育带来了新的可能，为教师职业素养的培养与发展提供了丰富的资源和支持。在未来，我们期待通过更深入的研究和创新，人工智能在教育领域能发挥更大的潜力，共同推动教育事业向着更加智能化、人性化的方向发展。

第二节 教师信息化技能的提升与应用

随着科技的不断发展，人工智能逐渐渗透到各个领域，其在教育领域也展现出强大的潜力。本节将探讨人工智能如何助推教师信息化技能的提升与应用，强调其在教育信息化时代的重要作用。信息化技能已经成为教育领域不可或缺的一项素养。教育信息化不仅仅是利用技术工具，更是一种思维方式和教育理念的变革。在这个背景下，人工智能为教师提供了更为智能、高效的工具，助力其更好地适应教育信息化时代的教学环境。

人工智能在教育发展信息化中的应用涵盖了多个方面。从智能教育平台到个性化学习系统，从智能课堂分析到在线教育资源推荐，人工智能技术为教师提供了丰富的教学工具。这些工具不仅简化了教学过程，还提高了教育的效益，使教师能够更专注于学生的个性化需求。

人工智能助推了教师信息化技能的提升。教育工作者通过学习和应用人工智能技术，可以更好地理解和掌握现代教育的信息技术。教师不再仅仅是知识的传递者，更是信息的筛选者和引导者，并可以通过信息化技能提高自己在教育发展过程中的灵活性和适应性。

人工智能助推了教育的个性化发展。在传统教学中，教师难以满足每个学生的个性化需求，而人工智能技术可以通过大数据分析，为每个学生提供个性化的学习路径和资源。这种个性化的教学方法更好地考虑了学生的兴趣、能力和学习风格，提高了其学习效果。

然而，教育信息化也面临着一系列挑战，包括隐私保护、数据安全等问题。在追求技术发展的同时，我们也需要关注法律和道德伦理等方面的问题，保障学生和教师的权益。人工智能不仅是教育工作者的助手，更是教育现代化的推动者，为培养具备信息化素养的学生和教师提供了新的可能。

人工智能在教育领域的广泛应用为教师信息化技能的提升和应用带来了许多机遇。以下是人工智能助推教师信息化技能的提升与应用的几个关键方面。

一、智能教育平台及系统的应用

人工智能技术被广泛应用于教育平台，为教师提供更高效的教学工具。智能教育平台通过数据分析和机器学习，能够为每个学生设计个性化的学习路径，并实时监测学生的学习进展。教师可以通过这些平台更好地理解学生的需求，有针对性地调整教学策略，提高教学效果。

1. 数据驱动决策

智能教育平台通过收集、分析和呈现大量的教学数据，为教师提供了更全面的课堂洞察。教师可以通过平台获得学生的学习数据、表现评估和互动记录，从而更好地了解每个学生的学习水平、兴趣爱好和学习风格。这有助于教师做出基于数据的决策，优化教学计划，提高教学效果。

2. 个性化教学支持

智能教育平台可以根据学生的个性化需求提供定制的教学支持。教师可以利用平台推荐的资源和学习路径，为每个学生量身定制适合其水平和兴趣的学习内容。这促使教师在信息化环境下更好地适应个性化教学的理念，满足学生多样化的学习需求。

3. 教学资源管理

智能教育平台使教学资源的管理更为便捷。教师可以轻松地上传、分享和管理各种教学资源，包括课件、视频、在线测验等。平台还能根据不同学科和年级的要求为教师推荐相关的高质量教学资源，节省了教师查找和筛选资源的时间。

4. 在线协作和反馈

智能教育平台提供了实时的在线协作和反馈机制，使教师能够更方便地与学生、家长和其他专业人士进行沟通。教师可以通过平台发布作业、给予反馈，与学生进行在线讨论，有效促进师生之间的互动，提高信息交流的效率。

5. 专业发展和培训

智能教育平台可以提供专业发展和培训的资源，使教师可以通过在线课程、研讨会等形式不断提升自己的信息化素养。这种培训形式更加灵活，能够帮助教师及时跟上技术发展的步伐，不断学习和更新教育理念。

6. 课堂分析与优化

智能教育平台通过课堂分析工具，帮助教师了解学生的课堂参与度、知识理解度和反馈情况。通过这些数据，教师可以调整教学策略，优化课程设计，更好地满足学生的需求。

7. 掌握技术操作技能

教师可以通过使用智能教育平台，逐渐掌握技术操作技能。这包括掌握平台的使用方法、数据导入和导出等基本操作，提高这些技能有助于教师更加熟练地应对信息化教学环境。

综上所述，智能教育平台的应用为教师提高信息化素养提供了多方面的支持。通过更有效的数据管理、个性化教学、在线协作等功能，教师能够更好地适应数字化教育的发展趋势，提升其信息技术水平，更好地发挥信息技术在教学中的优势。

二、智能教育时代教师信息意识的提升

智能教育时代，提升教师的信息意识是至关重要的，因为教育信息化的发展要求教师具备更强的数字素养和信息技术应用能力。以下是一些有助于教师更好地适应智能教育环境，提升信息意识的建议。

1. 持续学习和参加培训

参与专业培训和学习课程，了解最新的教育技术和信息化趋势。

参加研讨会、学术会议，与同行分享经验，获取更多教育信息。

2. 积极应用教育科技工具

学习和使用各种在线教育平台、学科软件和教学应用程序，熟练掌握数字教学工具的使用方法。

探索虚拟实验、在线评测等教育科技的应用，拓展课堂教学方式。

3. 关注教育科技发展

订阅教育科技相关的期刊，保持对教育技术最新发展成果的关注。

关注教育科技公司的动态，了解新产品及其应用，思考如何将其引入课堂教学。

4. 参加在线社群和网络组织

使用教育领域的在线社交平台，与其他教师交流心得，分享教学资源。

参加教育专业的网络组织，拓展人际关系，学习其他教师的经验。

5. 培养创新思维

尝试开展创新教学项目，引入新的教育科技手段。

创建一个鼓励尝试、分享和合作的教学氛围，开展培养创新能力的教育实践。

6. 关注教育政策和规划

关注本地和国家层面的教育政策，了解数字化教育在其中的地位和作用。

主动参与学校或机构的数字化教育规划，为教育信息化提出建议。

7. 保护学生信息安全

了解和遵守学生隐私政策和相关法规，确保在信息化教学中妥善处理学生个人信息。

对学生开展网络安全和数字素养教育，培养他们正确使用信息的意识。

8. 与家长和学生建立沟通渠道

定期与家长沟通，分享学生的教育进展和使用的教育科技工具。

向学生解释智能教育的重要性，鼓励他们在智能化环境中更主动地学习。

通过这些建议，教师可以更好地适应智能教育的要求，不断提升信息意识和数字素养，更好地引导学生在智能教育时代取得成功。

三、智能教育背景下教师计算思维的提升

在智能教育的时代，提升教师的信息素养，尤其是计算思维，是至关重要的。计算思维是一种通过抽象、自动化和系统化的方式解决问题的思考方式，对于应对信息技术飞速发展和满足智能教育的需求具有重要意义。以下是关于教师提升自我计算思维的建议。

1. 参加专业培训

参加计算思维和信息技术相关的专业培训，了解最新的技术发展、教育趋势和教学方法。这可以通过线上课程、研讨会、工作坊等形式进行。

2. 学习编程语言

学习一门或多门编程语言，如 Python、Scratch 等。编程是培养计算思维的有效途径，能够帮助教师更好地理解问题、设计解决方案。

3. 参与项目实践

参与计算思维相关的项目实践，如编写简单的程序、设计小型应用等。实际的项目经验有助于将理论知识转化为实际操作能力。

4. 与同行交流

在学科组、学校或在线社区中与同行交流计算思维的教学经验和分享资源。通过互相学习，更好地应对新的教学挑战。

5. 整合计算思维于课程设计

在课程设计中整合计算思维元素，安排涉及逻辑思考、问题解决和算法设计的教学活动。这有助于教师丰富教学内容与方法。

6. 利用在线资源

利用各类在线资源，包括编程学习平台、教育科技工具等。这些资源可以为教师提供丰富的学习材料和实践机会。

7. 引入计算思维工具

使用与计算思维相关的教育科技工具，例如可视化编程工具、虚拟实验平台等。这些工具能够激发学生的学习兴趣，同时提升教师对计算思维的理解。

8. 鼓励学生参与

鼓励学生通过实际项目学习计算思维，如参加课堂上的合作项目、编程比赛等，在这一过程中也能促进教师对学生计算思维的指导。

9. 关注教育科技发展

关注最新的教育科技发展，了解人工智能、大数据、机器学习等领域的基本概念。这有助于教师更好地理解未来教育的方向。

10. 定期自我评估和反思

定期评估自己在计算思维方面的水平，反思教学实践中的问题和挑战。通过不断的反思和改进，不断提升自己的计算思维水平。

通过以上措施，教师可以逐步增强自己的计算思维素养，更好地应对智能教育带来的挑战，同时为学生提供更富有创意、更能培养解决问题能力的教学体验。

综上所述，人工智能为教师信息化技能的提升提供了多样化的支持和工具。通过合理运用这些技术，教师可以更灵活地进行个性化教学、优化课堂管理，并提高学生的学习体验。然而，教育者需要谨慎思考和使用这些技术，保护学生隐私，确保教学过程充满人文关怀并符合伦理标准。

第三节　教师创新能力的激发与实践应用

在智能教育和信息化大环境下，教育迎来了前所未有的变革和挑战。推动教师创新能力的激发与实践应用成为教育领域的一项紧迫任务。随着科技的飞速发展，教育不再仅仅是传授知识，更需要培养学生的创新思维、实践能力以及适应未来社会的综合素养。在这个大背景下，教师作为教育的中坚力量，需要不断提升自身的创新能力，引领教育走向更加前沿和有活力的方向。

在新时代，教师的创新能力已经不再仅仅是技术运用，更是一种教育理念和方法的变革。这需要教师具备跨学科的思维，敢于尝试新的教学方式，在教学中积极融入信息化、智能化的工具和平台，引领学生从被动的知识接收者转变为主动的学习者和创作者。激发教师的创新能力的同时要倡导教育共同体的精神，让教师能够相互学习、共同成长。

本节将深入探讨在智能教育和信息化大环境下，教师创新能力激发与实践应用的重要性和实际方法。通过对成功案例的研究和对教育实践的深入剖析，探讨教师如何更好地利用科技工具，发挥创新能力，创造出更富有活力、更符合时代需求的教育模式。本节将带领读者进入一趟充满激情和探索的教育创新之旅，共同思考如何更好地适应信息时代的教育要求，为学生提供更具创造性和实践性的学习体验。

在智能教育和信息化大环境下，激发教师的创新能力至关重要，因为教育领域的创新不仅能提高教学质量，还能更好地满足学生在信息时代的学习需求。

一、提供专业发展机会

在当今飞速发展的信息时代，教育领域正经历着深刻的变革，而教师的专业发展和创新能力的提升显得尤为关键。提供专业发展机会，激发和实践应用教师创新能力，成为构建更富活力教育体系的基石。

专业发展不仅仅是教育者的需要，更是应对教育挑战的必然选择。为此，我们需要创造性地设计专业发展机会，让教师能够深入了解新的教育理念、教育技术和前沿的教学方法。通过组织各类培训、研讨会和跨学科合作，拓宽教师的学科视野，激发他们思考如何更好地应对时代的需求。

教育并非仅依靠课堂，更需要教师在教育实践的过程中不断尝试创新。提供实践项目支持，鼓励独立研究和教学实践，是培养创新能力的有效途径。通过推动教育研究和实际教学相结合，能够培养出更具实践经验的教育者，他们将能够更好地引领学生迈向未来。

通过激发教师的创新潜能，我们有望开创一个更具活力和创造力的教育时代，为构建更适应信息化社会的教育体系奠定基础。

教育机构应为教师提供丰富的专业发展机会，如研讨会、工作坊、培训课程等。这些活动不仅可以传递新的教学理念，还能够激发教师的创新热情，是提升教师创新能力的关键一环。以下是一些提升教师创新能力可行的方法。

1. 组织专业培训和研讨会

为教师提供参与专业培训和研讨会的机会，其中的内容应涵盖最新的教育理念、教学方法和技术应用。这有助于拓宽教师的视野，激发创新思维。

2. 建立教育社群和学习网络

建立教育社群和学习网络，让教师能够分享经验、交流观点，并从中获得启发。这种交流有助于激发教师创新的灵感。

3. 鼓励跨学科合作

促进教师之间的跨学科合作，鼓励不同学科的教师共同探讨和解决教育中的难题，培养教师的跨学科创新思维。

4. 为独立研究和项目提供支持

支持教师进行独立研究和开展实践项目。为有创意的教育项目提供资源和资金支持，帮助教师开展实际的创新实践。

5. 推广实践反思

鼓励教师对教学实践进行反思，通过教学日志、反思会议等方式，帮助教师形成自我认知的能力并改进。

6. 激励创新比赛和奖励机制

设立创新比赛和奖励机制，鼓励教师提交创新项目和教学方法，并给予相应的奖励和认可。

这些方法有助于创造一个积极的专业发展环境，提升教师的创新能力。通过持续的专业发展，教师将更有信心和能力面对教育领域的挑战，并为学生提供更富有创造性和实践性的学习体验。

二、提供资源支持

在教育的征程中，提升教师的创新能力既是一项巨大的挑战，也是铸就未来教育光辉的机会。为了引领教育进入更加富有活力和创新性的时代，需要为教师提供资源支持，激发他们的创新潜能，并将其应用于实践。本部分旨在探讨如何通过资源的赋能，推动教师创新能力的全面提升，为教育注入新的动力。

资源支持不仅仅是物质层面上的投入，更包括知识、信息和技术等多方面的支持。通过提供最新的教育理念、先进的教育技术、实践案例等多样资源，我们能够帮助教师拓宽视野、开阔思路，从而更好地适应快速变化的教育环境。

提供资源支持的方式包括组织专业培训和研讨会，以便教师深入学习并实践创新教育理念；建立起学科社群和学习网络，为教师提供一个分享和交流的平台，让他们从中获取灵感和支持；提供足够的技术设备、教材、培训经费等，以帮助教师更好地实施创新教学方案。

同时，资源支持也体现在技术工具和平台的供给上。教育科技的迅猛发展为教学提供了更多可能，而通过培训教师使用先进的教育技术，能够激发他们在教学中融入创新的元素，提升课堂的活力。

通过资源支持，可以培养教师的自主学习和问题解决的能力，使其成为具有创新思维的教育领军人物。希望这些领军人物能引领我们思考如何更好地为教师提供资源支持，助力教师更好地迎接教育新的挑战，共同打造更加灿烂的教育未来。

三、鼓励跨学科合作

促进教师之间的跨学科合作。通过合作，教师可以分享不同学科背景下的创新思维，从而促进更全面的教育创新。在信息化背景下，鼓励教师跨学科合作是推动教育创新、提升学生综合素养的重要策略。以下是一些建议。

1. 共享数字资源

建立数字资源库，该资源库应包含各学科的优质教学资源。教师可以共享、借鉴这些资源，跨学科相互启发。

2. 在线协作平台

使用在线协作平台，如 Google Workspace、Microsoft Teams 等，促进教师之间实时的合作与交流。这些平台支持实时编辑、文件分享、视频会议等功能。

3. 设计跨学科项目

设计具有跨学科特色的项目，鼓励教师开展合作。例如，可以设立课题研究、项目实践等形式，使教师在项目中共同发现和解决问题。

4. 组建跨学科团队

组建跨学科的教研团队，集结不同学科的专业人才。这样的团队可以推动跨学科教学方法和资源的共同开发。

5. 交叉培训和研讨会

定期组织跨学科的培训和研讨会，让教师了解其他学科的教学方法和理念，促进其跨学科思维的发展。

6. 跨学科项目展示

定期举办跨学科项目展示活动，让教师展示他们的合作成果，鼓励其他教师尝试跨学科合作。

7. 跨学科教学设计比赛

举办跨学科教学设计比赛，鼓励教师提出创新的跨学科教学方案，并进行评选奖励。

8. 数字化评估工具

利用数字化评估工具对跨学科项目进行评估。这些工具可以帮助教师收集学生的学习数据，为跨学科合作提供反馈。

9. 建设跨学科实验室

建设跨学科实验室，为教师提供一个实践和合作的空间，促进学科之间的融合。

10. 跨学科专业发展计划

制订跨学科专业发展计划，鼓励教师参与跨学科培训、学术会议等活动，提升他们的跨学科教学能力。

通过以上措施，可以创造一个鼓励教师跨学科合作的环境，促进知识的整合和创新的涌现。跨学科合作不仅能够提升教学质量，也能够提升教师的综合能力和跨学科思维。

四、引入新技术和工具

鼓励教师尝试引入新的教育技术和工具，如在线教育平台、虚拟现实、人工智能等，以提升教学效果和创新水平。引入新技术和工具是提升教师创新能力的一个重要途径。以下是一些建议。

1. 提供实际操作机会

给予教师实际使用新技术和工具的机会，例如在培训课程中进行实践，以便他们能够熟悉并掌握使用方法。

2. 建立社群学习平台

建立一个在线社群学习平台，鼓励教师在平台上分享、讨论和交流使用新技术和工具的经验，激发创新思维。

3. 引入在线教育平台

引入在线教育平台，为教师提供更灵活、多样化的教学资源和工具，促进课堂创新和个性化学习。

4. 鼓励个性化学习工具

鼓励教师使用个性化学习工具、数字评估工具等。这些工具可以根据学生的学习风格和水平，提供定制化的教学内容并反馈，帮助教师更有效地收集、分析学生的学习数据，从而调整教学策略，提高教学效果。

5. 创客空间和实验室

建立创客空间和实验室，为教师提供一个创新的场地，让他们可以尝试使用各种新技术和工具。

通过以上措施，学校可以激发教师的创新热情，提升其使用新技术和工具的能力，从而推动教育的不断创新和发展。

五、建立创新教学示范校

在当今教育领域，建立创新教学示范校成为推动教师创新能力提升的一项重要举措。这种示范校的建立不仅为教育体系引入了新的理念和方法，更为教师提供了一个充满创新活力的学习和实践场所。建立创新教学示范校，可以为其他学校提供创新经验和成功案例，激发更多教育者的创新意识。三年来，附小在教育信息化、人工智能助推教育、创新实验等方面取得不少成就，先后被评为教育部"2021 教育信息化教学应用实践共同体项目"牵头单位、全国人工智能助推教师队伍建设试点学校、清华大学人文学院人文教育发展研究中心创新实验学校、广东省教育实验学校、广东省教育科研基地、深圳市"基于教学改革、融合信息技术的新型教与学模式"实验学校、深圳市首批"减负提质"实验学校、福田区 AI 赋能教学实验学校、广东省 5G + 智慧教育实验学校等。这些荣誉不仅是对学校过去工作的认可，更是对其在教育领域不断探索和创新的肯定。这一系列荣誉将为学校提供更多的机会和资源，推动学校在教育创新和改革方面取得更大的进步。

1. 教育信息化引领者

作为教育部"2021 教育信息化教学应用实践共同体项目"牵头单位，附小在教育信息化领域具有引领地位。这标志着附小在数字化教学、在线教育等方面有着卓越的表现，并在全国范围内得到了认可。

2. 人工智能助推教育典范

获评全国人工智能助推教师队伍建设试点学校，说明附小在融入人工智能技术的教育模式方面取得了显著成果。这不仅是对附小科技创新的认可，也将促进附小在培养学生人工智能应用能力方面的积极探索。

3. 创新实验学校的典范

作为清华大学人文学院人文教育发展研究中心创新实验学校，附小肩负着创新教育的使命，积极参与人文教育的研究和实践，努力为学科教育注入更多人文关怀。

4. 教育实验先锋

获得广东省教育实验学校和深圳市"基于教学改革、融合信息技术的新型教与学模式"实验学校等殊荣，说明附小在教育实验领域中发挥着先锋作用，为教育改革提供了有力的支持。

5. 教育科研基地

被评为广东省教育科研基地，这不仅是对附小科研实力的认可，也是对附小在教育理论研究和实践探索方面的高度评价。

6. "减负提质"实验学校

作为深圳市首批"减负提质"实验学校，附小积极响应国家和地方的教育政策，探索有效的教育管理和课程改革措施，致力于提升教育质量。

7. 5G + 智慧教育实验学校

荣获"广东省 5G + 智慧教育实验学校"称号，说明附小在智能化和 5G 技术应用方面取得了显著成就，为教育信息技术的融合应用提供了示范。

这些荣誉的取得为全体教职工提供了更大的动力和信心，激励他们在未来更加努力地推动教育创新，为学生成就和发展提供更丰富的机会和体验。

六、课题引领，教研结合

"课题引领，教研结合"是一种激发教师创新能力并促进其实践应用的综合性模式。通过设定教育研究课题，并将其与教育教学实践结合，教师得以在实际操作中不断提升专业水平，培养创新思维，共同推动教育的不断发展。

笔者带领学校教师主持了多个课题，其中包括 5 个国家级课题和 2 个省级课题，这些课题均与智慧教育相关（具体见表 4 - 1）。

表 4 - 1 智慧教育相关的研究成果

序号	课题/论文名称	课题级别	形式
1	信息技术赋能学科教学的实践研究	国家级课题	课题
2	"双减"背景下对智慧体育校园构建的研究	国家级课题	课题
3	基于学校智慧系统的学生体质管理与整体干预研究	国家级课题	课题
4	互联网 + 学科教学的实践研究	国家级课题	课题

（续上表）

序号	课题/论文名称	课题级别	形式
5	信息技术对小学语文分层教学的支持研究	国家级课题	课题
6	AI 赋能背景下数据驱动课堂教学的实践研究	省级课题	课题
7	"5G＋智慧教育"专项课题	省级课题	课题
8	信息化背景下小学语文与艺体的学科融合教学实践	市级课题	课题
9	信息技术与美术学科融合的教学实践	区级课题	课题
10	AI 赋能教育教学实践案例研究	区级课题	课题
11	信息技术与小学英语教学融合的实践探索	校级课题	课题
12	培育"诗心"：现代儿童诗写作教学的具体策略		论文
13	锻造少先队品牌特色　谱写少先队工作新篇		论文
14	感悟古诗词的意境之美——以《望洞庭》一课的教学为例		论文
15	AI 赋能驱动课堂教学智慧化的研究		论文
16	智慧体育监测评估系统与教学应用共同体的实践研究		论文
17	教育信息化撬动学校智能教育发展——数智时代的技术赋能，发现教育新可能		论文
18	浅谈小学数学说课		论文
19	AI 赋能背景下数据驱动课堂的实践研究		论文
20	信息技术赋能班级教育		论文
21	基于幼小衔接的体育教学实践的研究		论文
22	品味语言文字　培养学生美感		论文
23	融情于教，以情育人——小学数学情感教学策略浅谈		论文
24	校本研修要坚持做下去		论文
25	基于幼小衔接的体育教学实践的研究——以智能跳绳为例		论文
26	新时代班主任心理辅导模式的探索		论文
27	如何在小学数学教学中培养学生的自主学习能力		论文
28	智慧教室环境下的数学课堂教学行为研究		论文
29	基于思维品质培养的小学英语科普类绘本阅读教学探究		论文
30	《自制指南针》教学案例及评析		论文
31	《比较液体的轻重》教学实录与反思		论文
32	浅析小学体育教育对小学生体育兴趣的影响		论文
33	初学写话，怎么教？		论文

（续上表）

序号	课题/论文名称	课题级别	形式
34	小学体育课堂教学中音乐手段的运用策略		论文
35	如何构建灵动的小学语文课堂		论文
36	抽丝剥茧厘清"概念"　综合考量解决"问题"——以"体积与容积"教学案例为例		论文
37	小学语文诗歌诵读教学探究		论文
38	游戏在小学数学课堂中的应用		论文
39	大量阅读，从一年级起步		论文

本章小结

　　人工智能在教育领域的应用为教师的专业发展提供了全新的机遇和挑战。通过强化教师职业素养的培养与发展、提升教师信息化技能的应用水平，以及激发教师的创新能力，人工智能可以在多个方面助推教师的专业成长。

　　人工智能可提供具有教育针对性的个性化培训，帮助教师在特定领域或技能上不断提升水平，加强专业素养。教师培训和专业发展的在线课程和资源使教师能够随时随地获取知识，保持专业知识的更新与扩展。

　　人工智能教育工具和平台能够提供更智能化的教学辅助，帮助教师更好地管理和分析学生数据，个性化指导学生。教师可以利用人工智能辅助工具生成教学资源，制订在线教学计划，提高信息化技能的应用水平。

　　人工智能提供了新的教育工具和教育场景，激发了教师探索和创新的动力，鼓励他们尝试新的教育方法。教师可以通过与同事、学生合作，探讨如何更好地利用人工智能改进教学方法，从而不断提高创新能力。

　　综合而言，人工智能对教师的专业发展产生了积极的影响，它为教育提供了更多的可能性，促进了教师的专业成长。但同时，我们也需要密切关注对教师的培训和支持，确保他们能够有效地利用这一新技术，并将其应用到实际教学中，以提高学生的学习成效。

第五章

"智慧体育共同体"项目辐射引领全国

在数字化和智能化时代,智慧体育系统作为一种创新的教育工具,为小学体育教育带来了全新的可能。这一系统的应用旨在通过整合科技与体育教学,提升学生的学习体验、培养健康意识,并有效促进小学生身心的全面发展。

在过去,小学体育教育往往依赖于传统的教学方式,但这已经不能完全满足当今学生的学习需求。现代社会对学生的要求早已不再仅仅是掌握简单的运动技能,而是更注重培养学生的综合素质,而数字技术的引入为小学体育教育带来了全新的可能。随着科技的迅猛发展,我们的生活方式、学习方式发生了翻天覆地的变化。在这个数字化和智能化时代,教育领域也在积极探索如何借助先进技术提升教学质量,使学习更加生动有趣,更贴近学生的需求。小学体育教育作为培养学生身心健康及团队协作精神的重要环节,自然也需要跟上时代步伐,在实践中融入智慧体育系统。

智慧体育系统的引入不仅仅是简单地将技术引入校园,更是为了创造更为智能,个性化、互动性更强的学习环境。通过该系统,学生能够更加直观地了解自己的运动状态,体验科学与运动相结合的魅力。同时,教师也能够更好地了解学生的运动状态,个性化地进行指导,使每个学生都能在运动中找到自己的闪光点。

小学体育教育并非为了培养运动员,而是为了锻炼学生的体魄,培育积极心态。智慧体育系统通过丰富的数据反馈,不仅能够帮助学生改善运动技能,还能培养他们自律、团队协作的品质。智慧体育系统在全面推动小学生身心健康发展的同时,也将数字化的优势融入体育教育中,为学生提供更为丰富、深入的学习体验。

智慧体育系统的应用只是小学体育教育数字化的一个开始。在未来,我们可以期待更多智能化教育工具的引入，为小学生创造更加个性化、更富有创意的学习环境。通过数字技术的助力，小学体育教育有了更广阔的发展空间，将能够更好地发挥其在学生成长中的重要作用，培养更多具有健康体魄和积极心态的未来之星。

第一节　"智慧体育共同体"项目的背景和目标

在信息时代的浪潮中，教育领域迎来了一场革命。这场革命不仅体现在对传统教学方式的颠覆上，更体现在体育教育领域掀起的一场智慧变革的狂潮。本节将带领读者深入"智慧体育共同体"的世界，揭示其概念内涵、实施路径和未来前景。

随着科技的不断发展，传统的体育教育方式逐渐显露出其局限性。学生对体育课的兴趣下降，体育教育与现代科技的结合成为摆在教育者面前的一道难题。在这一背景下，智慧体育共同体迎来了萌芽期。

"智慧体育共同体"是以信息化、数字化为基础，以共建共享为特征的体育教育新模式。它不仅仅关注对学生体能的培养，更注重运用科技手段提升教学效果，打破时间和空间的限制，构建一个全新的体育教育生态系统。"智慧体育共同体"不是孤立存在的，它包含多方参与主体：学校、教师、学生、家长以及技术支持方。这些主体共同努力，共同推动智慧体育的发展，其目标不仅仅是培养学生的体育素养，更是通过信息化手段促进全社会的健康发展。

"智慧体育共同体"项目是在顺应国家教育数字化战略行动、积极应用智能化教学工具的背景下，探索智慧体育教学的新样态。此项目由一系列教育研究机构和学校合作开展，致力于推动中国体育教育的现代化，以及培养更出色的体育教育人才。这一项目以附小为牵头单位，吸引了广东省多个地区的成员学校，建立了跨区域的合作共同体，通过现代技术手段提升教育教学质量。

"智慧体育共同体"项目不仅对学校内部产生了积极影响，更对整个体育教育领域产生了示范效应。本节将深入剖析"智慧体育共同体"项目的实施过程和取得的成果，以及这一项目对体育教育的影响。通过案例分析，揭示这一项目在实际操作中所遇到的挑战和问题，并总结成功经验，为其他学校和教育机构提供借鉴。

一、智慧体育教学的前沿探索

在国家教育数字化战略行动的大背景下,教育界迎来了数字技术和智能工具飞速发展的时代。为了深化体育课堂的教学理念,提升教学效果,"智能体育学生数据分析与教学应用实践共同体"应运而生。这一项目的设立旨在通过数据的采集、分析和应用,全面推动体育课堂的数字化,开启智慧体育教学的新时代。

该项目汇聚了中国教育科学研究院、广东省教育研究院、深圳市教育科学研究院、广东省电化教育馆、深圳市教育信息技术中心、深圳市福田区教育科学研究院、深圳市罗湖区教育科学研究院等多个单位的智慧和力量。这些单位不仅是项目的指导单位,更是项目的深度参与者,共同致力于推动智慧体育教学的发展。在项目的引领下,成员单位涵盖了深圳的福田区、罗湖区、南山区、宝安区、龙华区和光明区,广州的越秀区,东莞、江门、肇庆,以及深圳对口帮扶的广西百色、新疆喀什等地。

自成立以来,共同体已经经历了3次扩容,从最初的几所学校逐渐发展为拥有40所成员学校的大家庭。这一路的发展,见证了成员学校之间由引领到共研、由辐射到创新的演进,也体现了共同体从线下到云端再到线下的共进共赢。共同体的成长不仅带动了成员学校的体育学科教育教学研究,更在智慧体育教学的道路上崭露头角。

2022年1月,"智能体育学生数据分析与教学应用实践共同体"项目荣获教育部科技司遴选的"2021年度教育信息化教学应用实践共同体"项目,成为广东省唯一入选的共同体项目,也是全国唯一以小学为牵头单位的共同体项目。

该项目的成果将为推动体育课堂数字化提供有力支持,也为全国范围内的体育教育研究和实践探索提供了典范。在这个数字化的时代,我们有理由期待智慧体育教学将以全新的面貌呈现,为培养更加健康、积极、智能的未来一代作出更大的贡献。

二、共同体的成员组成

该项目采用实践共同体的组织形式,包括牵头单位与40所成员学校,在全国范围内，覆盖了广西百色、新疆喀什及粤东、粤西北等相关帮扶学校，围绕智慧体育教学提供的数据分析与教学应用案例开展实践探究。主要成员单位如下：

深圳市教育信息技术中心，深圳市教育科学研究院，深圳市福田区教育科学研究院，深圳市罗湖区教育科学研究院，广州市越秀区建设六马路小学，深圳市第二实验学校，深圳市罗湖区滨河实验中学、罗湖外语实验学校、水田小学、红桂小学、大望学校，深圳市福田实验教育集团，深圳市福田区北环中学、华富中学、梅山中学、新洲小学、新沙小学、福华小学、香山里小学、平山学校，南科大教育集团（南山）第二实验学校，深圳市宝安区沙井东山书院、华南中英文学校、和平实验小学、第三实验学校，深圳市龙岗区千林山小学、凤凰城实验学校、红花山小学、公明第二小学，东莞市大朗镇宏育学校、镇新民小学，上海交通大学博士后工作站，广西壮族自治区百色市教育局、龙景第二小学、龙景第三小学，新疆维吾尔自治区喀什市浩罕乡中心小学，江门市江海区景贤小学，肇庆市封开县长安镇中心小学，韶关市乳源瑶族自治县高级中学，河源市连平县大湖镇中心小学。

三、共同体的建设目标

"智慧体育共同体"项目的目标是通过运用智能化教学工具，实现体育课堂教学过程的数字化，探索智慧体育教学的新模式。具体而言，该项目旨在实现以下目标（见图5-1）。

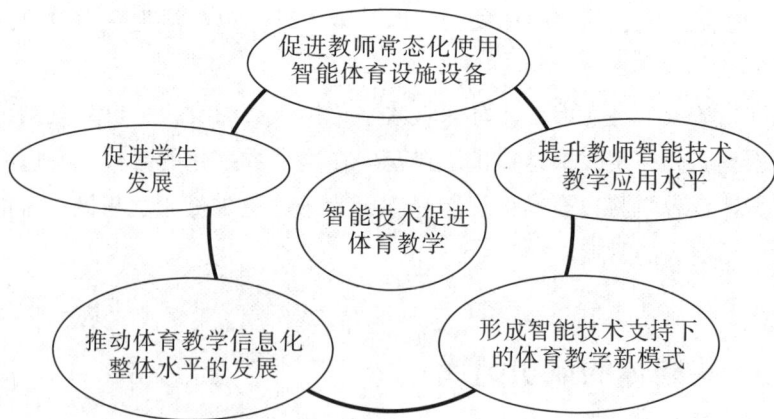

图5-1 "智慧体育共同体"的建设目标

1. 促进学生发展

体育共同体是一个团结、协作、共享资源的社群，可以促进学生多方面的发展。

（1）身体健康发展：体育共同体提供了更多的体育活动机会，使学生更容易参与各类体育锻炼。通过参与不同项目的体育活动，学生的身体素质得到全面锻炼，促进了其身体的健康发展。

（2）团队协作和社交能力：参与体育共同体的学生通常需要合作。团队运动培养了学生的团队协作精神，增强了其沟通和社交技能。在比赛和训练中，学生需要与队友互相支持，这有助于培养其社交能力。

（3）情感与品德培养：体育共同体是一个培养情感和品德的平台。在体育活动中，学生会经历胜利和失败、困难和挑战，可培养其坚韧、毅力和积极应对问题的品质，还可培养其责任感和团队荣誉感。

（4）学科与体育的综合发展：体育共同体有助于学科和体育的有机结合。通过跨学科的教学和活动，学生能够将体育与学科知识相结合，培养其综合素质和创新思维。

（5）社区参与和服务：体育共同体通常与社区有密切联系。学生通过参加与社区服务和公益活动相关的体育活动，能够更好地融入社区，培养社会责任感。

（6）培养兴趣与特长：体育共同体为学生提供了多样的体育项目选择，有助于发现和培养学生的兴趣和特长。这对于学生的全面发展、找到自己的兴趣方向具有重要意义。

通过参与体育共同体，学生在各个层面都能够得到发展，不仅提高了体育素养，也培养了领导力、团队协作能力和社会责任感，这为他们未来的成长奠定了坚实基础。

2. 促进教师常态化使用智能体育设施设备

学校通过培训和支持，提高教师使用智能设备的技术素养，使其能够更加熟练地运用这些工具进行教学；通过制订全面的培训计划，包括设备操作、数据解读、教学设计等方面，确保教师对智能设备有全面的了解。教师通过使用智能体育设施设备，提高教学质量，使学生更好地理解和掌握体育知识，增强其体能。利用智能设备的数据分析功能，设计富有创意和趣味性的体育活动，激发学生的兴趣，提高学生参与度，增强其学习的主动性，实现对学生个体差异的精准洞察，为教师提供个性化教学建议，满足不同水平学生的需求。

除此之外，还可以利用智能体育设备的监测功能，帮助教师更好地进行课堂管理，确保学生的安全和秩序。通过明确目标和采取相应的策略，可以更好地推动教师常态化使用智能体育设施设备，实现体育教学的现代化和个性化。

3. 提升教师智能技术教学应用水平

运用信息技术和智能化教学工具，将体育课堂的教学内容、学习资源、教学过程等方面进行数字化处理，提高教学的科技含量和信息化水平，打造智慧体育教学实践共同体，常态化云端同培同研。常态化使用智能工具，采集与学校体育课堂教学行为相关的生成性数据，包括学生体能相关数据、专项运动技能数据及运动负荷监测数据，进行数据汇聚与分析应用，实现数字化体育课堂教学，推动体育教育的现代化。

4. 形成智能技术支持下的体育教学新模式

通过"学研融创"（学：自主探究学习、合作探究学习；研：研学生、研教师；融：融技术、融平台、融学科；创：创素养活动、创作业形式、创多元评价）的教学模式，探索新的体育教学方式，使学生更积极主动地参与到学科学习中。建立跨学科、跨地域的合作共同体，促进共同体成员单位之间的合作与共享，共同推动体育教育的发展。通过项目实践，提升参与教育教学的教师水平，培养更具创新能力和应用能力的体育教育人才。

5. 推动体育教学信息化整体水平的发展

将项目成功经验在全国范围内推广，为更多学校提供智慧体育教学的先进模式，促进全国体育教育信息化水平的提升。通过这一系列目标的实现，"智慧体育共同体"项目将为体育教育领域的发展贡献智慧和创新，推动整个行业向更高水平迈进。

在推动全国体育教育信息化发展的进程中，"智慧体育共同体"项目需进一步聚焦于实践落地，而智慧体育教学应用场景正是关键载体。项目目标的实现，离不开对"教、学、练、考、评、研"体育教育闭环的深度构建。这一闭环并非孤立环节的堆砌，而是通过智能化技术串联教学、学习、练习、考核、评价以及研究各环节，将经验成果真正转化为可复制、可迭代的教学模式，推动先进理念在具体场景中生根发芽，最终形成科学高效的体育教育生态，为全国体育教育信息化水平提升提供坚实的实践支撑。

智慧体育教学的六大核心环节"教、学、练、考、评、研"，构建起一个循环联动的闭环体系（见图 5-2）。"教"是知识与技能传授的起点；"学"

体现对教学内容的接收过程;"练"侧重技能的实践巩固;"考"用于检验学习与训练的成果;"评"负责反馈总结学习效果;"研"则基于前面环节的数据探索教学策略的优化路径。各环节紧密衔接,形成"教—学—练—考—评—研"的动态循环,借助智能化手段(如数据采集分析技术)实现体育教学的精准设计、实施与改进,彰显智慧体育教学中全流程的系统性与连贯性。

图 5 - 2 智慧体育教学闭环体系

第二节 "智慧体育共同体"项目的实施过程和成果

在"智慧体育共同体"项目实施过程中,各成员单位充分发挥自身特长,共同研究和推广创新的教育教学方式。项目采用了开放的进入和淘汰机制,允许有积极贡献和参与实验推广的单位加入,也允许出于各种原因不能积极参与项目实践的单位申请退出或对其进行淘汰。这一机制保证了共同体的不断壮大和优化,从而更好地推动体育教育的现代化进程。

在高效协调运转机制的支持下,各成员单位每月召开会议,共同解决问题、分享经验,确保项目有序推进。教育行政部门的统筹指导也起到了关键作用,协助制订项目实施方案,明确各项任务分工,推动项目落地。

在这一背景下,"智慧体育共同体"项目已经取得了一系列令人瞩目的成果。这些成果不仅包括体育教学方式的创新,还包括教育信息化的成功运用、师资队伍的培训和水平提升、学生体育素养的全面发展等多个方面。这一项目为中国体育教育的现代化探索提供了有益的经验,对于未来的教育教学发展有着积极的影响。

本节将详细探讨这一项目的实施过程和所取得的重要成果,以及如何推动中国体育教育向前迈进。

一、项目实施保障

1. 制度保障

通过成员单位主要负责人的共同参与，形成项目组织架构，实现共同参与和分组管理模式的有机结合。各成员校可以按照研究意愿自然聚集为焦点小组，自然聚合，进行典型案例的研究。

本共同体项目组织实施机制遵照组织管理规定，按照"规范、滚动、开放、高效"的管理原则，进一步明确分层责任机制，强化公平公正的参与机制和评审机制，具体运行机制见图5-3。

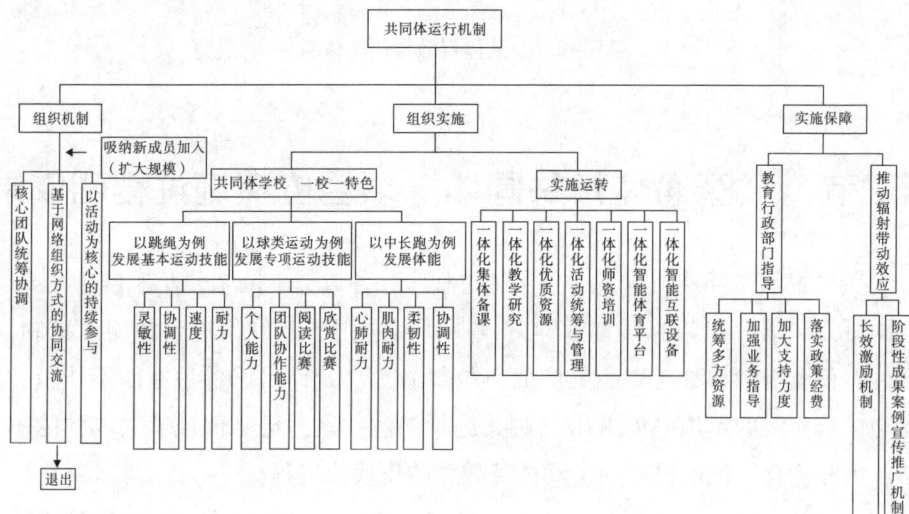

图5-3 "智慧体育共同体"的运行机制

（1）进入和淘汰机制：为了更好地开展项目，共同体采用开放的进入和淘汰机制。在开展项目实践过程中，允许有积极贡献和参与实验推广的单位申请加入；在项目实践过程中，由于各种原因有困难、不能积极参与项目实践和作出积极贡献的单位成员，则可申请退出或被淘汰退出实践共同体（见图5-4）。

图 5 - 4　"智慧体育共同体"的进入和淘汰机制

（2）高效协调运转机制：组织实施过程中，各成员单位具体负责人每月召开线上会议和现场座谈，开展教学交流，确保项目顺利进行。在教育行政部门统筹指导下，项目牵头单位协调组织、各成员单位积极参与，共同制订形成项目实施方案，对项目方案申报、开题总结、协同实施、成果验收等关键性时间节点和进度作出系统性安排，从体系建设、教研交流、模式探究、应用推广等方面明确任务分工，高效推动项目实施。

2. 教师队伍建设

教研先行，培养人才。省、市、区教研员多次对共同体成员校进行理论培训和技术培训；进行新课标校本研修活动指导；与青年教师进行"青蓝工程"师徒结对，指导青年教师备课、磨课、上展示课。

3. 资源保障

实践共同体教与学模式创新、课程变革和跨学科融合会带来新资源。通过内生资源和外部接入资源建立资源推送机制和资源建设激励机制，充分支撑、促进共同体开展以资源的学习、分析、开发、评价为活动形式的产出式共同体构建，形成具有资源支撑的共同体活动，并通过共同体活动构建优质教育资源的双向融合机制。资源建设情况见图 5-5。

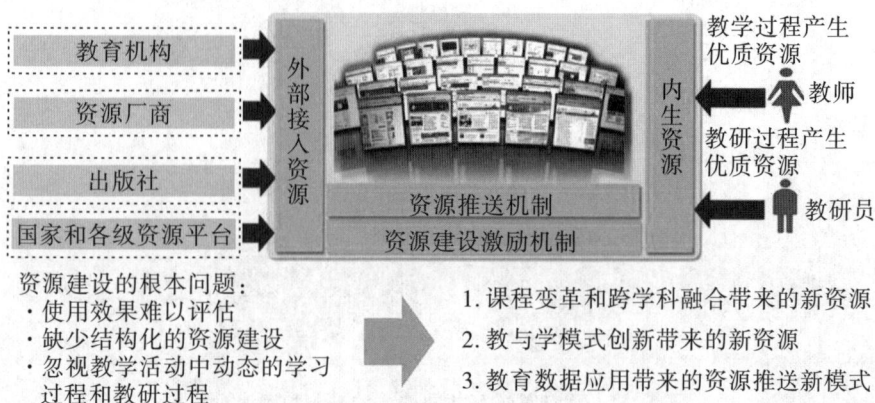

图 5-5　共同体资源建设情况

4. 数据安全保障

首先，在信息化教学蓬勃发展的当下，信息化教学平台中学生数据安全的重要性愈发凸显。平台存储着海量学生信息，一旦数据泄露，学生的私人生活将被毫无保留地暴露，学生可能遭受骚扰电话、垃圾邮件侵袭，更甚者，不法分子利用学业成绩、家庭信息等精准实施诈骗，给学生家庭带来经济损失，严重影响学生正常学习与生活，对其身心造成极大伤害。

其次，信息化教学平台中学生数据安全与教育机构公信力紧密相关。家长与学生放心托付数据，是基于对平台和教育机构的信任。一次数据泄露事故，便能在师生、家校间引发信任危机。家长可能抵制平台使用，阻碍信息化教学深入开展，致使学校声誉蒙尘，后续教育工作的开展也会步履维艰。

最后，信息化教学平台中学生数据使用须契合法律法规红线要求。当下，数据保护法律法规日益严苛，信息化教学平台作为数据密集型场所，必须严守法律法规，合法合规处理学生数据，否则将面临巨额罚款、法律追责，给教育事业带来重创。综上，保障学生数据安全刻不容缓，它是信息化教学稳健发展的基石。

在当今数字化教育环境下，保障学生数据可以从多方面入手。

（1）技术保障：教育机构应采用先进的加密技术，如对存储学生信息的数据库加密，确保数据在传输与存储过程中的保密性，防止黑客窃取。部署防火墙，阻挡外部非法网络访问，实时监控网络流量，及时发现并阻断异常流量，抵御网络攻击。定期更新系统软件与安全补丁，修复可能出现的漏洞，不给不法分子可乘之机。

（2）人员管理：教育机构应对接触学生数据的教职工进行严格的背景审查与权限管理，依据工作需要，最小化分配数据访问权限，避免数据泄露风险。开展数据安全培训，让教职工深知数据保护的重要性，掌握安全操作规范，如不随意共享数据、妥善保管账号密码等，防止因人为疏忽导致数据泄露。

（3）制度建设：教育机构应制定完善的数据安全管理制度，明确数据收集、存储、使用、共享、销毁等各环节的操作流程与规范，确保有章可循。建立数据泄露应急响应预案，一旦发生安全事件，能迅速启动预案，及时通知受影响学生及家长，降低损失，按预案流程进行调查、处理与恢复工作。

（4）第三方合作：教育机构若与第三方数据处理公司合作，须签订严密的保密协议，严格约束第三方行为，要求其遵循同样的数据安全标准，保障学生数据在委托处理过程中的安全。对第三方进行定期评估与监督，确保协议执行到位，发现问题时也应及时整改。

二、项目实施过程

共同体成员单位所采集的数据按照"统一数据标准、统一接入方式、统一数据归集、统一过程监控"的方式汇集到深圳市智慧体育数据管理平台，实现教育系统应用、数据的互联互通。

深圳市智慧体育数据管理平台汇聚全场景体育数据，基于国家体质健康的指导文件完成对数据的分析与应用，为体育运动与体质健康提供信息化服务，并提供体育运动与健康成长数据，有效支持体育教学与健康活动的开展。教师通过数据分析，对标新课标目标要求，培养学生运动能力、健康习惯和体育品德核心素养，完成课程内容教学要求，以"学、练、赛"一体化模式，既面向全体学生普及推广体育知识与技能，也面向精英学生培养专长。

深圳市智慧体育数据管理平台支持学校采用区块链技术，实现数据可信存证与学生隐私保护，并生成科学性、真实性的数据建模分析报告，为国家教育决策提供参考。

具体实践流程见图5-6。

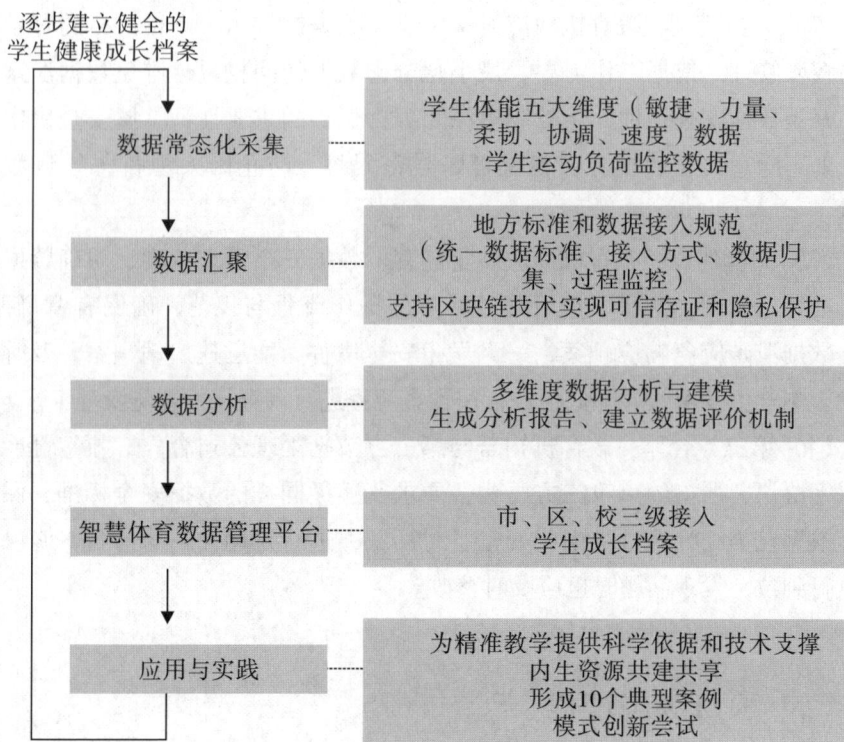

图 5-6　智慧体育教学实践流程

2022年12月19日，深圳市举行了中小学体育与健康学科智慧体育公开课展示暨教育部"智能体育学生数据分析与教学应用实践共同体"项目教学研讨活动，本次活动由深圳市教育科学研究院和深圳市福田区教育局主办，福田区教育科学研究院承办，广东省小学体育与健康教研基地和福田区教育科学研究院附属小学协办。

与会专家充分肯定了本共同体智能体育路径的正确选择和不断发展，对牵头单位和共同体成员学校付出的努力和取得的阶段性成果表示赞许：共同体各个学校对体育与健康学科的教育落到实处，各成员校努力探索新课标下新型教与学方式，一批拥有良好信息素养的优秀体育教师在不断进步与成长。智能体育正从数字化的课堂教学、数字化的学生体质健康评价逐步走向全生命周期的健康管理，为每个孩子的终身健康服务。

本共同体以网络为主要平台，遵循"七个一体化"方式，将共同体建设向纵深推进，实践架构图如图5-7所示。

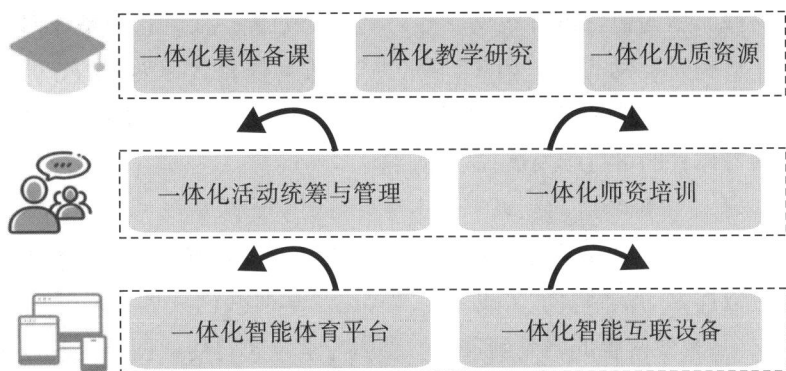

图 5-7 共同体实践架构图

一体化智能体育平台:通过智能体育数据分析与教学应用案例的实践共同体应用平台,将各成员单位的实践过程数据化。

一体化智能互联设备:为各共同体学校提供"天天可互动、周周有研讨、月月有交流"的良好环境。

一体化活动统筹与管理:建立共同体活动预约机制,各成员校可以提前一周主动发起活动一次,先约先得。其他成员校可以根据项目分组进行活动,还可以主动参加其他共同体学校的活动。

一体化师资培训:采取专家讲座、互动交流等形式,组织体育教师参与智能体育信息技术应用能力提升的培训活动。

一体化集体备课:通过网络平台、线下交流等形式,各小组每月开展一次教师集体备课活动。

一体化教学研究:鼓励各成员单位积极开展"线上+线下"的教学实践观摩或经验分享,牵头单位每个季度组织开展智慧体育教学研讨活动。

一体化优质资源:欢迎教师上传基于智慧体育教学的优秀课例和学习资源,并将资源向共同体内所有教师开放。

三、实施策略与分析

在信息技术飞速发展的时代,智慧体育正引领着体育领域的新潮流。这不仅仅是对传统体育的数字化延伸,更是一场融合科技创新的变革,其将运动与先进技术深度融合,赋能体育赛事、体育训练和体育教育。接下来笔者将介绍一些典型的智慧体育案例，并对其进行分析，探讨它们是如何通过整合科技手段提升运动表现、拓展训练方式、推动体育教育创新的。同时，笔者将审视这些案例中可能面临的挑战，如数据隐私保护、技术标准制定等，以期为智慧体育的可持续发展提供思路。

1. 基于"学研融创"模式下的体育与健康学科探索

附小积极探索"双减"政策下的教学提质提量的新路径，基于 AI 赋能背景，通过数据驱动课堂教学实践研究，构建"学研融创"四维教学模式（见图5-8），从教学内容的研究到重点着手教与学方式转变的创新实践，为同行提供一个可借鉴、可参考的模本。

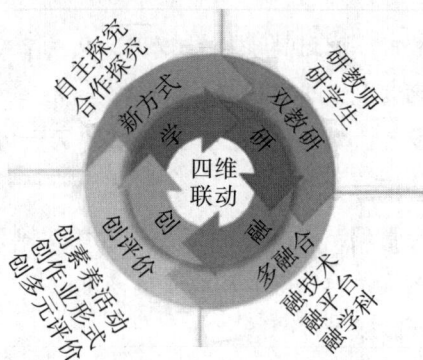

图 5-8 "学研融创"四维教学模式

（1）以阳光体育大课间为例。为了更好地贯彻落实《深圳市教育局关于深入开展中小学"阳光大课间"活动》的文件精神，开展中小学"阳光大课间"活动，把大课间活动纳入日常教育教学计划之中，将活动与体育课、课间操和课外体育活动有机结合，附小制订了《教科院附小阳光体育大课间活动实施方案》。坚持以科学性、趣味性、全员性、安全性为原则，以"走向操场、走进大自然、走到阳光下"为活动主题，全面贯彻落实"健康第一"指导思想，认真落实学生每天体育活动一小时的时间安排。

（2）以线上混合式教学为例。深圳市第二实验学校充分发挥"金山表单"多人协同的编辑功能，在"自重训练—核心力量"课程中，精准采集学生练习数据以及运动负荷心率数据，据此优化教学策略，打造出极具创新性的线上混合式教学课例。此课例荣获深圳市教育信息技术中心 2022 年"深圳市混合式教学课例征集活动"体育类第一名。

（3）以跳绳典型为例。深圳市光明区凤凰城实验学校聚焦"跳绳大单元教学—双脚交换跳"，借助智能设备采集学生跳绳数据，实现对学生跳绳技能掌握程度、进步幅度的科学评价，为个性化教学提供有力依据，其课例成功斩获 2023 年深圳市教师信息素养提升活动融合创新应用教学案例初中组体育类第一名。

（4）以中长跑典型为例。深圳市罗湖区滨河实验学校的"中长跑大单元教学—途中跑"课例别具一格，通过采集学生配速数据，精准洞察学生长跑过程中的体能分配、耐力提升等情况，进而实施针对性教学，在 2022 年广东省教育厅"双融双创"融合创新应用教学案例初中组体育类评选中荣获一等奖。

（5）以快速跑典型为例。深圳市南山区香山里小学的"快速跑单元教学—冲刺跑"课例同样出彩，其围绕"50 米快速跑"项目构建"学练赛评"项目一体化教学模式，全方位考量学生起跑、加速、冲刺各环节表现，以数据驱动教学改进，此课例荣获 2023 年深圳市教师信息素养提升活动融合创新应用教学案例小学组体育类第一名。

这些不同类型的体育教学成功范例，都为提升体育教学质量、促进学生体育素养发展开辟了新路径。

2. 跨区域智慧体育教学的多元成效

（1）参与区域与学校。深圳、广西、粤北三地学校，通过合作打破地域限制，实现教育资源共享与交流，促进不同区域学校在体育教学方面的协同发展。

（2）教学模式创新。采用"直播互动 + 云端 PK"的智慧体育联动教学方式。在教学过程中，利用直播技术让不同地区的学生实时参与同一课程，实现师生之间、学生之间的互动交流；通过云端 PK 模式激发学生的竞争意识和参与积极性，提升体育教学的趣味性和实效性。

（3）促进区域发展。智慧体育推动了粤桂教育协作，为不同区域教育均衡发展提供助力，同时有助于推广中华传统民族体育特色项目，丰富体育教学内容，传承民族文化。例如在教学中可以引入如武术、舞龙舞狮等传统民族体育项目，让更多学生了解和参与这些具有民族特色的体育活动，增强学生对民族文化的认同感和自豪感，促进区域文化与教育的融合发展。

第三节　小学体育多元自主特色课程的实践

　　青少年是祖国的未来，其身体健康状况直接关系到国家的长远发展。随着社会的发展和教育理念的转变，青少年体质健康问题成为社会关注的焦点。近年来，虽然小学生的体质状况整体呈现好转的趋势，但近视率、肥胖率等问题仍然存在。这需要我们对学校体育提出更高的要求，使其在学生全面发展中发挥更为重要的作用。本节将探讨小学生体质健康问题的现状，分析其原因，并探讨学校体育在培养学生全面发展中扮演的角色和起到的作用。

　　相关调查数据显示，近年来小学生的体质健康达标优良率在逐渐上升，多项指标都在好转。然而，近视率和肥胖率仍然居高不下。这表明学生的体质健康虽然在整体上取得了进步，但仍需要针对性地解决一些问题。面对体质健康问题，学校体育既面临挑战，也迎来了巨大的机遇。习近平总书记强调孩子们要全面发展，做社会主义建设者和接班人，成为对社会有用的人，成为国之栋梁。这使得学校更有动力和责任在学生体质健康的培养中发挥更为重要的作用。

　　学校体育作为培养学生身体素质和让学生全面发展的平台，需要积极应对学生体质健康问题。学校体育不再仅仅是每天一节体育课的传统理念，更需要借助现代科技手段，构建更为科学、灵活的教育模式。

　　本节将介绍学校体育的多元自主特色课程，从每天一节体育课、阳光体育大课间、AI 赋能智慧体育等多个方面，全方位、多角度地探讨如何提升学生体质健康。通过这些创新举措，学校体育将真正将素质教育落到实处。特别地，本节将探讨 AI 技术在体育教育中的应用。通过引入人工智能技术，学校体育可以更加个性化地满足学生的需求，使体育教学更为科学、精准。除此之外，本节还将探讨家校共建体育教育新模式，通过学校和家庭的紧密合作，共同关注学生的身体健康问题，形成合力，为学生提供更好的成长环境。

　　通过对学校体育教育的多方面探讨，本节旨在为学校体育的发展提供新的思路和视角。希望通过学校体育教育的努力，学生能在全面发展中真正成为国之栋梁。

一、小学体育多元自主特色课程开发的时代背景

1. 小学生体质健康状况依然严峻

青少年体质健康自 2001 年开始连续下降 15 年,其体质健康问题引起了国际社会的关注。相关的调查显示,青少年学生在身体形态、机能、素质方面都呈现了多元化指标不同程度的下降。直到 2021 年,下滑趋势才开始得到遏制。2021 年 9 月 3 日,教育部发布的第八次全国学生体质与健康调研结果显示:我国学生体质健康达标优良率逐渐上升,如身高、体重、胸围发育指标向好,肺活量水平上升,柔韧、力量、速度、耐力等素质都在好转。但一些分项指标仍然存在问题,如近视率偏高、超重肥胖率上升、握力水平有所下降等。习近平总书记 2020 年在陕西考察调研时就指出,"现在孩子普遍眼镜化,这是我的隐忧。还有身体的健康程度,由于体育锻炼少,有所下降"。从现实的角度看,学生体质下降的主要原因就是学生体育锻炼不足,饮食结构不合理,学生的学业负担不断增加,睡眠不足等。

2. 多项政策助力学生体质健康

2021 年 7 月 24 日,中共中央办公厅、国务院办公厅印发了《关于进一步减轻义务教育阶段学生作业负担和校外培训负担的意见》,明确提出"减轻义务教育阶段学生作业负担和校外培训负担"。而在"五项管理"出台后,教育部印发的《关于进一步加强中小学体质健康管理工作的通知》,更是要求从开齐开足体育与健康课程、保证体育活动时间等八个方面加强中小学生体质健康管理工作。这不仅为附小开展学校体育工作明确了任务,也提供了行动指南,基于此,附小积极开发实施体育多元自主特色课程,注重体育与美育的融合,以特色体育项目的开展促进全员体育活动开展,从"科学设置体育课程""提高身心健康素养""发展特色体育特长"几个方面着力促进学生健康成长和全面发展,全面推进"以体育人"理念的落实。

二、小学体育多元自主特色课程的内容

1. 率先落实每班每天一节体育课

按国家规定的体育与健康课程刚性要求,小学一至二年级每周 4 课时体育课,小学三至六年级每周 3 课时体育课,任何人不得以任何理由挤占体育

与健康课程和学生校园体育活动时间。深圳市教育局《2021年工作要点》发布，推进义务教育学校每天开设一节体育课。附小作为福田区先行示范校，率先落实每班每天一节体育课。标语上墙、课堂落实，体育教师受重视，孩子们脸上都是高兴的汗水，真正做到了上下一心，示范先行，课堂落实。

2. 专业、精准、科学的阳光体育大课间

附小把"阳光大课间"活动纳入日常教育教学计划之中，通过科学合理的内容编排、专业有效的设计与实施、精准智能的监测与评价，形成了具有附小特色的阳光体育大课间活动。

附小按照灵敏、力量、柔韧、耐力、速度五大身体素质进行分类，选择和设计了具有附小特色的锻炼内容，突出内容的科学性、创新性和趣味性。同时，合理利用校内资源，让体育、音乐和信息技术学科的老师共同负责活动设计，充分考虑学生身心特点，通过增加不同的负荷和利用不同的动作形式的变化，对复杂的训练动作进行合理拆分，避免长时间的重复性运动导致学生疲劳。除此之外，鼓励学校全员参与，引导全体教职工积极参加大课间活动，让全体教师与学生一起进行体能训练，为学生做好表率。大课间内容设计时长为40分钟，分成准备活动、训练动作和恢复放松三大部分，共4个环节。

（1）第一环节为跑操。学生在音乐中整齐地在指定活动区域内奋力奔跑，高喊口号，完成跑操任务，为接下来的体能训练做好身心准备。

（2）第二环节为热身操。全校整齐划一、精神饱满地做热身操。

（3）第三环节为体能锻炼。学生在热情奔放、节奏感强烈的乐曲中健身，训练动作包括双人压肩、背后双人拉手弓步、俯身转体、深蹲跳、俯身跨步、弓步交换跳、俯身双手摸肩、双脚十字跳、单脚开合跳、原地踢臀跑、开合跳、高抬腿等单双人训练项目，主要训练学生的耐力、力量、平衡性和柔韧性。

（4）第四环节为放松身心的韵律操。一曲优美舒缓的《鹿鸣》让学生由兴奋紧张转入平静舒缓的状态。古风韵律操是附小经典诵读与阳光体育融为一体的课间操活动，具有"诗词陶冶情操，运动强健体魄"的效果。

3. AI赋能智慧体育，为课堂监测与干预插上翅膀

结合学校教育信息化建设，附小体育科教学组率先尝试依托AI技术精准监测与评价学生的体能训练，利用运动数据采集装备与综合管理平台，通过学生佩戴的传感器设备，实时采集每位学生运动过程中的心率及运动负荷情

况等数据，对潜在的运动风险进行实时的评估与预警；从学生的各项体能状态，包括耐力、爆发力、协调力、灵敏性等，分析不同时间段的运动强度与训练设计是否合理，为学生的体能训练效果评估提供科学的依据。通过这一智能测试系统，还可以整理学生的体质数据形成电子成长档案，为教师设计合理的体育课程提供参考，为学生的体质健康保驾护航。

统计结果显示，附小学生在训练过程中平均心率为134，最大心率不超过200，平均强度为66%，运动密度及有效锻炼密度均在30%至95%之间。整个训练期间，学生的心率都在理想心率区间。可见，运动智能装备与大数据分析技术，不仅便于教师根据实际运动情况调节活动方式和运动量，而且解决了体育运动"难量化、难记录、难分析"的问题，推动体育教育实现信息化、智能化升级。真正做到了优化管理，做好了监测、反馈与干预，切实提升了学生的体质健康。

4. 有效搭建不同等级体育比赛平台

附小每学期都有体育节，秋季学期举办田径运动会，运动健儿们发挥自己的体育特长，发扬奥林匹克的运动精神，展现自我、为班争光；春季学期举行趣味运动会，投掷火箭、爬行与障碍、跳格子、虫虫特工……人人参与，团结协作，娱乐身心。春季趣味运动会是秋季竞技的延续，是班级体育运动落实人人参与的抓手；这一活动也获得了各位老师的高度认可，能够非常好地激发每位学生的参与激情。

"校长杯"是附小体育运动的一张名片，每个班级都以获得"校长杯"体育竞技奖项为荣。学校在秋季学期组织班级足球联赛，春季学期则是班级篮球联赛，足球和篮球这两项在体育运动中极具影响力的球类运动让同学们为之着迷，他们组建团队、组织训练、啦啦队助威……各个环节准备得有模有样，充分展示了学生自主、合作的优秀品质。

不同等级体育比赛平台的搭建，构建出全体学生都能参与的运动会，附小在行动；比赛延续、有思考，是附小做体育工作的一贯方式。

5. 居家锻炼体育作业

2020年居家学习期间，为了帮助学生们在家坚持锻炼身体，体育科教学组的教师根据学生们的居家条件，设计了一到六年级的锻炼项目，亲身上阵为孩子们拍摄了活泼有趣的学习视频资源，包含篮球、足球、排球、乒乓球、跳绳、踢毽子、体操等多项个人运动项目以及亲子双人运动项目，家校联动，变有限为无限。除此之外，为了缓解孩子们居家学习生活的压力，增进亲子关系，体育科教学组还举办了"线上体育挑战赛"。挑战赛根据高、低年级学生的身体特点和运动需求，制订了两种"挑战赛"方案。低年级组挑战赛项目有跳小绳、并腿左右跳、立卧撑对击掌，高年级组挑战赛项目有踢毽子、跳小绳、平板支撑。家长们纷纷表示，通过这样一场别开生面的线上运动会，孩子们在这个特殊的假期里既做到了"停课不停学"，又把"强健体魄"落到实处。减的是课业负担，增的是身心健康。教师不但自己做，还积极与家长推动共育；既增进亲子沟通、增加相互了解，又能及时发现学生健康、成长问题，真正做到了减负不减体质。

三、小学体育多元自主课程的实施效果

1. 特色体育发展特长

《关于进一步加强中小学生体质健康管理工作的通知》中强调要聚焦"教会、勤练、常赛"，逐步完善"健康知识+基本运动技能+专项运动技能"的学校体育教学模式，让每位学生掌握1至2项运动技能。要在全员参与的基础上，完善普及与提高的竞赛体系。由此，附小开展实施体育多元自主课程，强调"多选择，多快乐"，开设的特色项目课程有足球、篮球、武术、跆拳道、曲棍球、羽毛球、高尔夫球、三棋等，并且每个体育特色项目都有优秀的教练团队。在师生的共同努力下，2020年，附小被评为"全国足球特色学校"；作为"活力校园—小篮球"公益项目学校，被评为篮球特色学校；还是中国高尔夫球协会·校园高尔夫发展计划试点学校。值得一提的是，附小实施"国际象棋进课堂"已有五年时间，每年均有队员在广东省棋类协会举办的少儿国际象棋等级赛中获得"优秀棋手"称号。乘着荣获"2020年福田区中小学生智力运动会（中国象棋）锦标赛小学低年级团体组第一名"和荣获2021年深圳市中小学生围棋比赛"优秀承办单位"的东风，附小进一步筹划实施"围棋进课堂"和"中国象棋进课堂"项目，做到"以特色发展特长"。

2. 身心健康提高核心素养

众所周知，体育在培养人们健康合理的生活方式、集体主义精神、爱国主义精神、刻苦耐劳精神、顽强拼搏精神等方面有着重要作用。首先，在体育活动中需要付出体力，需要克服惰性，战胜自我，战胜困难，这对个人的意志品质是很好的磨炼；其次，体育运动经常在与对手的比赛和较量中进行，可以锻炼并激发人的拼搏精神和超越意识，对勇气和毅力的修炼具有特殊的

价值；最后，在集体性的体育活动中，为了胜利的目标，需要与对手抗衡，需要同伴的默契和战术的配合。基于此，附小将学生的核心素养具体化为"十个一""十个好"的培养目标：一流好品格、一身好体魄、一生好习惯、一个好兴趣、一种好思维、一副好口才、一手好汉字、一篇好文章、一项好才艺、一门好外语。根据"一身好体魄"的核心素养要求，附小每年在万物生长的四月份开展"趣味体育与健康学科素养课程月"活动，举办学生最喜爱的"体育节"，将趣味运动与竞技比赛相结合，鼓励人人参与，促进学生的身心健康发展。

3. 时时育人与家校共育助力学生健康成长

一所学校能够不断成长壮大，依托的必然是每位教师。附小提倡每位教师在校期间，要时时育人，育人如和风细雨、暖风拂面。同时，鼓励全员参与校运会及班级比赛，提高全体教师的体育素养，引导全体教职工积极参加大课间活动，让全体教师与学生一起进行体能训练，为学生做好表率。

家校之间的关系，一直以来都需要更好的沟通。附小创新家校共育机制，努力形成师生和家校共同推进体能训练的良性机制，利用录播直播系统等信息化手段，加强对体能训练的家庭指导，让家长掌握有效方法；创新体育家庭作业，延伸和拓展学生体能训练的时间与空间。

4. 校园体育文化为学校文化建设更添风采

校园体育文化是学校整体文化建设的有力组成部分。现阶段谁抓住了体育、科学、美育与学科体系构建，谁就将站在时代潮头。习近平总书记在全国教育大会上，把体育的价值和体育发挥的作用高度概括为"四位一体"的目标，那就是通过学校体育包括体育课、体育锻炼和体育竞赛，让学生享受乐趣，增强体质，健全人格，锤炼意志。

奥运冠军进校园，可以更好地传递体育精神，丰富校园体育文化。比如著名体操运动员、奥运冠军何可欣做客附小，走进附小校园，与附小学子们近距离互动，并将对体育的热爱和敢于拼搏的体育精神传递给每一位附小人。学校依托福田区教科院一流的专家智库，独创"学科素养、品性养成、多元智能、七彩童年"四大课程体系。特别是体育多元自主特色课程，更让附小充满活力。

中共中央、国务院印发的《"健康中国2030"规划纲要》中明确规定，"实施青少年体育活动促进计划，培育青少年体育爱好，基本实现青少年熟练掌握1项以上体育运动技能，确保学生校内每天体育活动时间不少于1小时。

到 2030 年，学校体育场地设施与器材配置达标率达到 100%，青少年学生每周参与体育活动达到中等强度 3 次以上，国家学生体质健康标准达标优秀率 25% 以上"。附小将继续以此为目标，通过 AI 赋能监测健康体能，智慧体育守护生命本色，增强学生体质，变革学校体育，让学校体育教育插上实干和科技两只翅膀，为培养德智体美劳全面发展的人而不断努力。

第四节　智慧体育监测评估系统与教学应用共同体的实践

附小积极响应"双减"和"信息化体育教学"相关政策，以科研为引领，以提高质量为突破口，坚持以学生为本，推动各项目落地。通过参与中国教科院的"智慧体育校园"课题和 2021 年度"教育信息化教学应用实践共同体"项目，附小将智慧体育监测评估系统引入学校体育工作，全面推动学校体育工作在高质量课堂、有效大课间活动、课间微运动、课外锻炼、居家锻炼五个方面取得新的进展。

智慧体育的引入不仅仅是对体育活动进行简单记录，更是对课堂高质量教学的促进。通过智能监测设备，学校可以实时了解学生在体育课中的表现，帮助教师更好地调整教学内容和方法，满足学生个性化的学习需求。这种个性化的教学方式旨在提高学生对体育课的兴趣和课堂参与度，促进他们全面发展。

大课间活动是学生日常生活的一部分，也是锻炼学生身体的好机会。通过智慧体育监测，学校可以了解学生在大课间的运动情况，制订更加科学合理的运动方案，确保学生得到有效的休息和锻炼，提高他们的身体素质。

除了正式的体育课和大课间活动，课间微运动也是体育工作中不可忽视的一部分。智慧体育监测可以记录学生在课间微运动中的活动情况，为学校提供微观层面的数据支持。通过对这些数据的分析，学校可以更好地了解学生在日常生活中的运动习惯，进而提供更加有针对性的健康指导。

学校体育工作不仅仅局限于课堂和大课间，还需要关注学生课外的锻炼情况。通过智慧体育监测，学校可以了解学生在课外参与体育锻炼的情况，为他们提供更加科学的锻炼建议，确保他们在课外也能够保持良好的身体状态。

随着"双减"政策的推动，学校更加注重学生在家中的体育锻炼。通过智慧体育监测，学校可以向学生提供合理的居家锻炼方案，确保他们能够在家中适当地运动，促进其身心健康的全面发展。

通过智慧体育的全面推动，附小体育工作在高质量课堂、有效大课间活动、课间微运动、课外锻炼、居家锻炼五个方面取得了显著的成绩。这不仅有助于学生身体素质的提升，更为附小体育工作的创新和发展提供了有力的支持。在未来，附小将继续借助智慧体育的力量，推动学校体育工作走向更为科学、健康的新时代。

一、智慧体育监测评估系统与教学应用共同体的实践背景

1. 政策背景

2018年，在全国教育大会上，习近平总书记提出要树立健康第一的教育理念，学校要开齐开足体育课，帮助学生在体育锻炼中享受乐趣、增强体质、健全人格、锤炼意志。2021年，中共中央办公厅、国务院办公厅印发《关于进一步减轻义务教育阶段学生作业负担和校外培训负担的意见》，要求有效减轻学生的作业负担和参加校外培训的负担。就学校体育工作而言，最重要的是减轻学生的作业负担，提倡快乐教学、降低学生校内作业压力。2021年，根据《教育部科学技术与信息化司关于做好2021年度教育信息化教学应用实践共同体项目推荐遴选工作的通知》（教科信司〔2021〕213号）文件要求，"智慧体育共同体"项目实施方案应着眼于信息技术与体育教育教学的融合创新，充分运用智能手段探索在学校体育教学实际应用中产生的价值，提高学生健康运动和体育教师教学的科学性。

学生体质需要增强，科技信息化也需要融入日常教学中。针对这一需求，中国教育科学研究院先后设立多项重点课题研究，希望通过"学生体质有效干预""学校体能课程建设""体育教学改革""智慧体育系统构建""学校卫生与健康教育转型"等手段，改善青少年的体质健康水平，提高教师智慧体育教学应用水平。

2. 学校背景

2021年，福田区教科院附属小学成为教育部科技司立项的"教育信息化教学应用实践共同体"项目单位。全国共获批实践共同体项目21项，附小是

唯一一个以小学作为牵头单位入选的项目学校，目前成员单位涵盖深圳市6个区及跨省市其他区域的27所公、民办中小学校。同时，附小作为中国教科院教育综合改革试验区的重点示范校，一直以来跟随政策方向，探究将体育科技融入体育教学的应用手段，研发和开展健康体能促进与干预实践方案，探寻一条智慧体育与教学应用的新途径，为一线体育教师提供创新型教学模式，为学生的体质健康制定更科学化、更智慧化的干预手段。

二、构建智慧体育监测评估系统与教学应用实践共同体平台

依据体育教学的实施情况、学生体能测试的结果，以及视力和姿态等测试评估的数据，智慧体育监测评估系统可以形成多方面、多维度的学生体质健康成长档案，为体育领域的决策制定，包括校内体育锻炼实施计划、体育教学发展规划和家校共育下的学生健康成长，提供"数字化、网络化、智能化"的数据决策支持。希望通过智慧体育监测评估系统和教学应用实践共同体平台的构建，收集教师体育教学和学生体育学习全过程的完整大数据，提出基于智能分析结果的体育精准教学新模式。整体构思如图5-9所示。

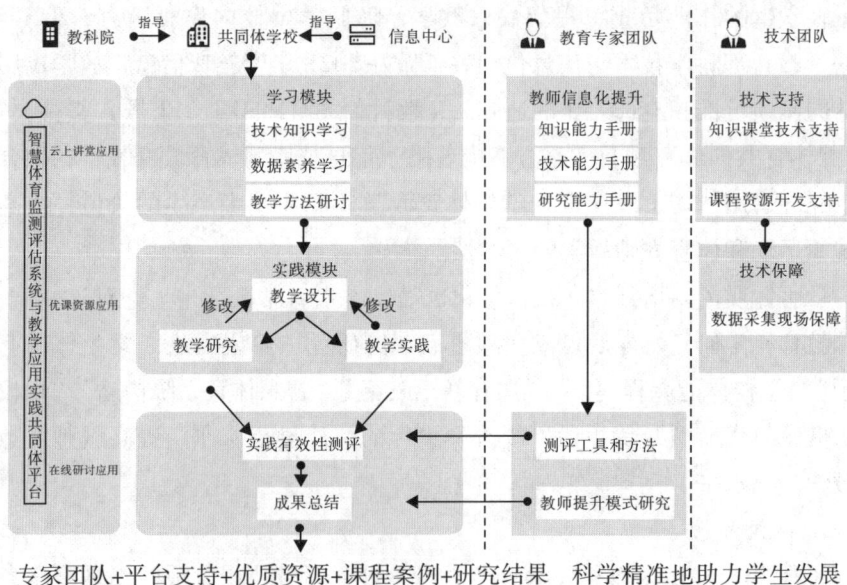

图5-9　智慧体育监测评估系统与教学应用实践共同体平台的整体构思

1. 智慧体育监测评估系统在教学中应用

附小借助智慧体育监测结果，根据学生测试评估结果和实时监测需求，搭建智慧体育监测评估系统，该系统主要包括日常体育课、课间操的运动负荷心率监测平台、视力测评平台和姿态测评平台。其中，运动负荷心率监测平台主要在学生在校期间的课间操和体育课堂进行运动负荷心率监测，同时在实际体育教学中让学生佩戴运动负荷监测心率表，通过监测平台收集每个学生的实时心率变化，具体监测指标包括平均心率、最大心率预警、平均强度、练习密度、有效锻炼密度和消耗卡路里，监测范围包括学生个人和班级整体的数据指标和曲线图。通过实时监测了解每名学生的锻炼效果，对潜在的运动风险进行及时的评估与预警，对学生的运动强度进行适当的调整，以学促教，为教师提供教学反馈信息，便于及时调整教学计划和教学强度。

视力测评平台依托学校卫生室进行视力测评筛查，并将结果录入测评平台系统，建立学生视力测评档案，记录不同时段学生视力变化指标和趋势。姿态测评平台通过学校使用的宅客测试仪器，让学生穿着紧身服装，以最自然状态站在仪器前方，仪器通过 AI 识别，评估学生姿态的力线是否正常，从而来衡量学生姿态是否存在健康风险（如图 5 – 10 所示）。

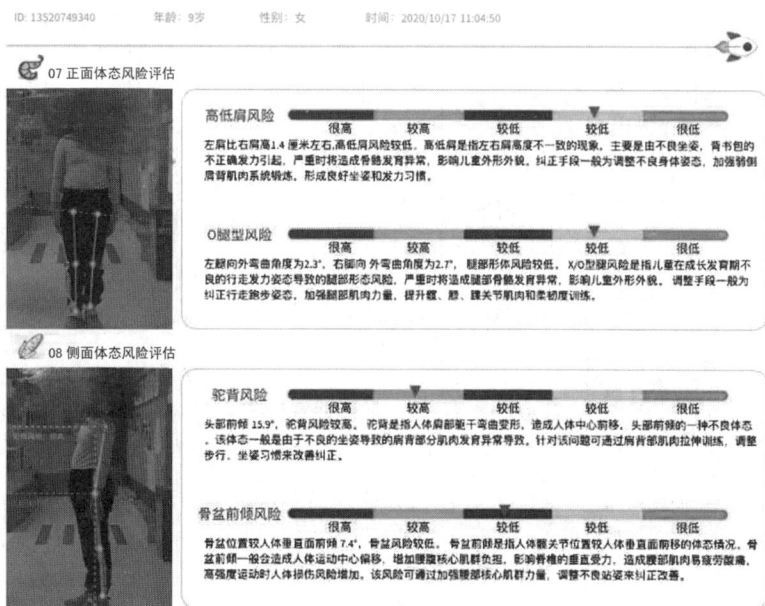

图 5 – 10　姿态测试评估结果

　　根据不同的测试评估方案，筛选出未在正常范围值内的监测数据，对视力数据下降、姿态不良的学生进行走访统计。在测评基础上，了解学生的实际情况，并作特别关注记号，利用课间微运动和课外活动时间，对其进行视力改善干预和姿态纠正锻炼。

　　2. 智慧体育监测评估系统在体育教学的具体应用场景和内容

　　针对体育教学应用方面，主要根据测评的结果，制定相应的健康体能干预措施，并将其应用到体育教学的各个方面。如从体育课堂和课间操监测结果角度出发，针对运动强度低、锻炼无趣等问题，可开展基础体能锻炼，提升学生体育课堂锻炼和强度，同时提高学生的参与兴趣；从视力测评结果角度出发，在课间微运动进行脑视动锻炼，缓解学生的视觉疲劳，改善学生视力下降情况；从姿态测评结果角度出发，在家庭锻炼和课外锻炼时进行体态纠正。具体如表 5-1 所示。

表 5-1　智慧体育监测评估系统具体应用场景和内容

对应测评分析	测评结果	教学应用场景	教学应用主要内容	教学应用目的
运动负荷监测	心率、运动密度和强度偏低	体育课堂	进行基础体能方案干预，融入体能游戏、神经激活练习等	提高学生体能素质，丰富学生锻炼内容，增强学生参与积极性，提升锻炼的挑战性
		课间操	设计基础体能、功能训练的课间操	打破传统课间操固有模式，提高学生参与积极性
视力测评	视力偏低	课间微运动	利用课间时间，进行脑视动操	缓解视觉疲劳，提高学生眼球周围肌群力量
姿态测评	出现不良姿态现象（圆肩驼背、O 型腿和 X 型腿、高低肩、脊柱侧弯）	家庭锻炼	进行居家姿态锻炼	家校互动，提高家长重视程度，共同改善学生的姿态问题
		课外锻炼	开设课外姿态纠正专项班，进行姿态纠正锻炼，按照不同的姿态问题进行分班教学	利用专项解决班，进行姿态纠正锻炼，改善学生不良姿态现象，调整学生肌肉失衡问题

其中，针对体育课堂运动负荷监测心率偏低现象，附小主要从体能干预入手，在热身部分增加神经激活和动作整合练习，充分调动学生参与课堂的积极性和注意力；在课堂课课练部分增加相对应的体能素质练习，如针对足球绕杆运球课程，在课课练部分还进行不同形状标志盘摸点练习，快速提高学生的步伐移动能力和根据外界环境快速反应能力，大大增加学生的参与积极性和锻炼强度。附小根据不同的专项课程设计相对应的能力需求锻炼方案，使一堂课既有技术教学又有体能锻炼干预，全面提高学生与该项目相关的运动技能。针对传统课间操的运动负荷监测表现出练习强度较低现象，附小让不同年龄段学生，在同一音乐伴奏下，进行不同内容的体能锻炼，提高学生的上下肢力量和上下肢协调性，增强学生的心肺功能。这些措施提高了学生锻炼的强度和练习密度，同时也增加了学生参与课间操的积极性。

针对视力测评数据下降的现象，附小利用课间碎片时间，播放有节奏的动感音乐和语音提示，让学生跟随音乐和语音要求，在教室内和楼道里做视力改善操，缓解学生视觉疲劳，同时充分利用碎片化时间强化改善视力问题。通过对课间微运动视力改善操中姿态测评结果进行分析发现，小学阶段的学生出现姿态不良现象，都是肌力失衡导致的，可在早期通过功能训练进行纠正。因此，附小给学生制订了姿态改善纠正方案，并利用课后锻炼时间和家庭锻炼时间进行强化。

首先让学生在学校掌握正确动作要领，然后在校内课后锻炼期间进行强化力量训练，在家期间进行自主肌肉拉伸和关节松解训练，通过家校互动，实现自主纠正锻炼，从而更有效地改善不良姿态现象。

三、智慧体育监测评估系统与教学应用共同体的意义和作用

附小自借助智慧体育监测系统以来，根据不同阶段学生的实际身体情况、表现情况和健康情况的测试评估结果，设计体能干预方案，并将其应用到体育教学当中，提高了学校管理的规范性、教师教学的针对性和学生锻炼的有效性。

从学校管理角度来说，采集到的所有数据都会存放到系统当中，建立学生的跟踪档案，形成不断更新的学生个人、班级、年级数据库。学校通过这些系统的监测数据，分析学生的实际现状，便于学校系统管理，以及根据数

据反馈结果，调整学校体育教学安排，使之符合学生参与锻炼的需求和要求。

从教师教学角度来说，教师可以根据数据反馈结果，及时调整教学计划和负荷安排，实时了解学生的现状变化，有针对性地锻炼。同时，教师也可以及时监测自己的教学水平，通过教学设计和预期的教学效果，与实际监测的数据进行对比分析，反思预期效果和实际效果的差别和问题，以及时调整和改进教学形式和教学内容。

从学生锻炼角度来说，便于学生真实了解自身锻炼效果，促使学生反思自己的运动表现情况，以及通过数据反馈，激励学生以更认真的态度对待体育锻炼，更加严格要求自己。

四、智慧体育赋能，学生体质健康实现"双提升"

附小积极响应"双减"政策，借助智慧体育科技助力体育教学。得益于中国教科院智慧体育课题组和"教育信息化教学应用实践共同体"项目的研究支持，2022年来，附小在实施实时负荷监测和测试评估的基础上，全面了解学生的体质状况，包括视力和姿态等方面。

通过精准的测评系统数据反馈，学校能够科学合理地制订体育锻炼计划，涵盖了体育课、课间操、微运动、课后锻炼以及居家锻炼等多个方面。在全面锻炼计划的指导下，学生在体质健康方面有了一定的提高。

尽管取得了显著成绩，但我们也清醒地认识到实践中还存在一些不成熟的地方，我们将进一步深入研究数据分析和体能干预方案的有效性。我们希望通过不断的实践探索，为其他实验校和一线体育教师提供更为有价值的经验，共同推动学生体质健康事业的发展。

第五节　案例介绍

智慧体育课程的深入开展，是我们走向未来的教育探索之旅。在这个数字化时代，教育的边界正在被重新定义，而智慧体育正是在这一潮流中崭露头角，为学生提供了更丰富、更个性化的体育学习体验。

本节将通过一系列生动而有趣的案例，向读者展示智慧体育在不同学校、不同年龄段学生中的成功应用。这不仅仅是技术手段的运用，更是对传统体育课程的创新，是对学生个性差异的尊重，是对体育教育价值的深刻理解。

在每个案例中，我们都将深入探讨智慧体育课程的设计理念、实施方式以及取得的成果。通过这些案例，我们期望为广大教育者提供启示，引导他们在智慧体育的大潮中发现更多可能性，开启更富创意的体育教育之旅，一同探寻智慧体育如何成为推动未来教育发展的引领者。

一、趣味闯关，玩转体育

本案例的设计者为刘老师。首先，刘老师在课前准备环节设计了"光头强来啦"热身跑游戏来激发学生的兴趣。学生在游戏中初步活动关节，逐步提高活动幅度，达到充分的热身效果。同时刘老师还特别暖心地提醒孩子们在活动中注意安全，充分保护自己。

随后，刘老师设计了运动闯关环节，包括四种不同的闯关游戏："初出茅庐之运动模仿操""小试牛刀之下肢力量练习""略知一二之上肢力量练习""笑傲江湖之核心力量练习"，活动设计循序渐进、层层深入，从易到难不断提高学生练习难度，从而提高学生身体的灵敏度、力量、协调性等素质。在本环节的学习中，刘老师充分挖掘每个学生的潜在能力，突出学生的主体地位，更好地帮助学生达成本节课的学习目标。

在最后环节，刘老师利用舒缓的音乐律动拉伸操让学生充分放松肌肉与心情，愉快地结束了本节课的学习。与此同时刘老师还特别注重课堂总结，在课堂小结中，刘老师让学生回顾本课的练习内容，分享在体育学习中感受到的快乐。课后，与会专家及众多老师共同参与福田区体育与健康学科在线研讨会。

刘老师从二年级学生的学情出发，以"运动闯关游戏"的形式充分调动学生的运动兴趣。实践基于智能分析结果的体育新模式，在课堂上融入了运动负荷监测系统，利用专业设备对学生心率、运动密度、有效练习时间等各项数据指标进行实时监测，根据设备数据提示，及时调整间歇时间，使展示课更有效、更科学、更安全地提高学生的学习兴趣和促进其体能的发展，真正落实了新课改下以人为本的教育理念。

朱芝兰博士对刘老师的这堂体育线上公开课给予了高度评价。朱博士表示刘老师的这堂课非常流畅，根据难易程度循序渐进地呈现学习内容，还充分利用信息技术 ClassIn 平台的强大功能，及时给予学生评价，调动了学生的积极性，课堂效果显著。

教研员黄镇敏老师充分肯定了刘老师的这堂课，表示这是一堂非常成功的体育课。同时黄老师还提出了几点建议，他提出应当结合本次线上学习的课题研究，深入钻研如何将体育课与"智能体育学生数据分析及教学应用实践"相结合。教师在教学过程中基于数据分析，时刻关注学生的身体运动变化，方能更有效地促进学生的体育学习。

教研员李晓东老师指出刘老师作为一名专业的羽毛球运动员，她的动作非常舒展、标准，在课堂上给予了学生清晰的指令。课堂运用了大量的道具，提高了学生的能动性，从中看出了年轻教师的用心。同时李老师也建议，体育课应精讲多练，通过数据去关注学生的体能变化，这样会更有针对性。

教研员张仕宜老师非常认可刘老师的这堂线上体育课，认为刘老师把智能技术与体育课相融合，同时结合了学生居家学习的实际环境，将身边的物品变为体育课学习的道具，突出了教师的教育智慧。

教而不研则浅，研而不教则空，精彩的课堂，精准的点评，让大家受益匪浅。与其说这是一次教研活动，不如说这是一次思想的碰撞、理念的交流、实践的展示、教育情感的交融，在智慧教育这条路上，我们不忘初心、砥砺前行。

二、居家运动乐开怀

2022学年春季学期开学以来，福田区教科院附小体育科教学组坚持将"双减"政策落实到教学实践当中。在教学组组长王庆辉老师的带领下，体育科教学组立足"促进学生身体机能和素质全面发展"的核心目标，设计并实施了一系列有趣的线上体育课程，带领同学们一起强身健体，居家运动乐起来！

虽然是居家学习，但附小学子们锻炼身体的热情不减。学生们齐聚云端，和教师们隔着屏幕一起在线学习运动技能。教师们或精心挑选优质资源，或用心提前录制视频讲解动作要领，或在线示范标准动作。师生之间积极互动，同学之间互相学习，附小呈现一堂堂精彩纷呈的网络体育课。教师们利用网课平台中的"举手""抢答"等功能，大幅提升了学生们参与课堂的积极性，激发了学生们居家运动的兴趣和热情。

线上课程中，教师们始终秉持着"体育融入生活，培养吃苦耐劳精神，进发青春活力"的教学理念,鼓励学生们利用课余时间多进行体育运动,延展体育课堂的时空界限。

课后,教师们在线上组织话题,让学生们打开话匣子,分享自己最喜欢的体育活动和居家锻炼的日常感受,极大地促进了学生对体育活动的热爱。

在总结中成长,在研讨中进步。日常教学工作离不开总结、提升与反思。每周五,体育科教学组的教师们都会针对网课遇到的问题进行探讨和研究,并积极探索在线上如何让学生更加高效地进行体育锻炼。

三、"停课不停练"智慧体育实践

居家学习期间,传统的线下体育教学受到了前所未有的冲击。云端学校面临如何在线上引导学生持续进行体育锻炼,提高学生身体素质、促进其健康发展的难题。为了面对这一挑战,附小迅速响应,并尝试将信息技术引入体育教学,积极响应深圳市云端学校"停课不停练"的教学理念,通过智能体育学生数据与分析优化线上体育教学,成功探索了信息技术与体育教学融合的智慧课堂,初显成效。

1. 实施策略

学校利用智能体育设备,收集学生的运动数据,包括运动量、运动频次、心率等。通过数据分析,深入了解学生在家庭环境中的运动状态,制定富有趣味性的线上智慧体育课程,并结合实时数据分析,根据学生的实际情况进行个性化指导,针对性地提供锻炼建议,使每个学生在家庭环境中都能够得到有效的体育锻炼指导。教师还可以通过线上互动纠正动作,激发学生的锻炼兴趣。

2. 教学模式

学校逐步实施混合式教学,结合线上课程和学生在家庭环境中的实际锻炼情况,利用智能化体育设备的数据反馈,促进学生更积极地参与线上体育课程。通过线上云端平台,学生能够观看教学视频、提交运动数据,看到自己的实时表现和进步,并得到教师的个性化反馈。混合式教学模式为学生提供了更丰富的学习资源,提高了线上体育教学的质量,促进了学生全面发展。

3. 结论与展望

深圳市云端学校"停课不停练"的智慧体育实践初显成效,为线上体育教学提供了可行的模式。未来,附小将进一步优化体育课程,加强技术支持,不断拓展智慧体育的深度和广度，为学生提供更优质的在线体育教育服务。这一成功经验也为其他学校在特殊时期推动体育教学提供了有益的借鉴。

第六节　辐射引领，示范推广

在信息时代的浪潮中，智慧体育的辐射引领已成为推动体育教育创新的关键力量。这不仅仅是技术的应用，更是一场教育理念和方法的革新，旨在为学生提供更全面、个性化的体育学习体验。

智慧体育的本质在于将先进的数字化和智能化技术融入体育教学和管理中。这种技术的运用不仅仅提高了体育教学的效率，而且为学生的个性化发展提供了更精准的支持。通过数字化手段，我们能够获取学生的运动数据、身体素质信息等，为制订个性化教学计划提供科学依据。

智慧体育并非仅仅停留在技术的使用层面，更是教育理念的演进。通过数字化、智能化手段，我们能够更好地了解学生的体能状况、运动喜好和学科特长。这种信息的获取和分析为个性化体育教学提供了坚实的基础。从传统的"一刀切"教学方式逐渐过渡到因材施教、因时制宜的个性化体育教学，每个学生都能在体育活动中找到适合自己的发展路径。

本节将深入探讨智慧体育在学科教学、学生管理和教育评价等方面的示范应用。在学科教学方面，智慧体育不仅关注学生的运动技能，更注重将体育融入跨学科的教学中，促进学生学科知识的综合运用。在学生管理方面，通过智慧体育的监测和评估，学校能够更全面地了解学生的发展状况，为其个性化的成长提供有力支持。在教育评价方面，智慧体育通过大数据分析，不仅能够客观评价学生的体育水平，还能为学校提供改进教学策略的科学依据。

通过深入了解智慧体育的示范应用，我们可以获得体育创新的新思路和实践经验。个性化体育教学、跨学科融合、综合素质评价等将成为推动体育教育向前发展的关键因素。这不仅有助于培养学生的全面素质，更为体育教育注入了更多的活力和新意。

智慧体育作为信息时代的产物，引领着体育教育进入一个全新的时代。在技术的推动下，我们不仅能够更好地管理和指导学生的体育活动，更能够通过教育理念的演进，为每个学生提供个性化的、有深度的体育学习体验。这是一个全新的开始，一个注定改变当前体育教育面貌的开始。

一、促进教育均衡发展

智慧体育不仅是技术的应用，更是促进教育均衡发展的有力助推器。在这个数字化时代，智慧体育作为教育的新引擎，为实现教育的均衡发展提供了广阔的空间和创新的可能。我们能够让更多的学生获得优质的体育教育资源。无论是城市还是农村，无论是发达地区还是欠发达地区，都能够通过数字化手段获得一致水平的优质教育。这种平等的教育资源分配，正是智慧体育所带来的重要影响。同时，智慧体育也为学生提供了更广泛的学习机会，培养了更广泛的兴趣。通过数字化平台，学生可以参与全球性的体育交流、合作和竞赛，拓宽视野，激发对体育的热爱和主动参与体育活动的欲望。

在本部分，我们将分析智慧体育在促进教育均衡发展方面的案例和实践，分享成功的经验和可行的策略。让我们一同探讨如何通过智慧体育实现教育资源的均衡分配，让每个学生都能够享受到优质的体育教育。

1. 共建共享新时代体育教学模式

2022年8月，教育部"智能体育教学实践共同体"项目在广西百色启动，深圳市教育信息技术中心李大龙老师对教育部"智能体育教学实践共同体"项目进行了以下解读。

教育部"智能体育教学实践共同体"项目的启动是广西百色在智慧教育领域的一次积极探索，该项目旨在通过整合智能技术和体育教学，推动学校体育教学的创新与发展，提高学生体育素养和技能水平。

智能技术与体育教学融合：通过项目，学校将智能技术应用于体育教学中，促进数字化手段与传统体育教学的融合，提高教学效果。

共同体合作机制：打破学科和学校之间的壁垒，建立起共同体合作机制。学科教师、技术支持人员、学校管理者等形成一个合作共同体，共同推动项目的顺利实施。

实践经验的总结与分享：这一项目不仅是智能技术的应用，更有对实践经验的总结。共同体成员将在项目中产生的经验进行分享，形成可借鉴、可参考的实践模式，为其他学校提供经验借鉴。

李大龙老师表示，该项目的启动对于推动广西地区体育教学的现代化意义重大，他指出，通过智慧体育教学，学生将更加活跃，教学内容将更具趣味性，同时能更好地满足不同学生的个性化需求。

2. 智慧体育引领全新运动时代

深圳市宝安区黄田小学蔡碧容老师和深圳市罗湖区滨河实验中学王雪丽老师分别进行了课例"科技助力全民健身"展示。

内容概要：通过智能体育设备，学生在课堂上进行身体素质测试，并通过 App 获取自己的运动数据。教师利用数据分析学生的运动状况，制订个性化的锻炼计划。学生在家也能通过 App 参与在线运动社区，分享运动成果。

亮点：利用智能体育设备进行实时身体素质测试，提供客观数据支持。通过 App 记录个性化锻炼计划的实施，激发学生对锻炼的主动性。构建在线运动社区，促进学生间的合作和竞赛，形成良好的运动氛围。

这个课例展示充分体现了智慧体育在小学和初中的灵活应用，为学生提供了更具趣味性和个性化的体育学习体验。这不仅是对传统体育教学的创新，更是对学科知识与技术融合的成功尝试。

二、新强师工程

智慧体育为教育注入强大的新动能。在迎接数字化时代的同时，我们怀揣"新强师工程"的梦想，致力于培养具备创新思维、数字素养和高度体育教育专业素养的教育强者。该工程不仅仅是技术赋能，更是对教育者的全面培养和发展。在智慧体育的浪潮中，我们要打造一支有着新型教学理念、善于运用先进技术的教育队伍。通过专业培训、经验分享和前沿研究，让每一位教育者都能够成为引领学生走向全面发展的引路者。

本部分将阐述智慧体育的最新理念和实践，通过实施策略、教育者心得分享，助力教育者更好地理解和应用智慧体育。让我们携手迈进智慧体育的新时代，为学生创造更丰富、更个性化的体育学习体验，引领教育事业迎接数字化挑战。

1. "双减"政策背景下学校体育实施策略

在"双减"政策的大背景下，学校体育面临更多的挑战和机遇。深圳市教育科学研究院体育教研员、深圳市名师黄镇敏老师通过"'双减'政策背景下学校体育实施策略"的主题讲座，分享学校体育实施策略，帮助学校更好地适应政策调整，实现体育教学的提质提量。

"双减"政策的核心要点主要包括减负和减少学科类校外培训，该政策旨在缓解学生过重的学业负担和学科疲劳，促进素质教育的发展。传统教育注重知识灌输,学生课业繁重,背负沉重的课业负担,而"双减"政策提倡素质教育,强调培养学生的综合素养和创新能力,意味着学生不再仅仅追求应试成绩。"双减"政策鼓励学校依托优质教育资源,精简学科设置,突出重点学科。这有助于提高学科教学的深度,更有利于学生形成扎实的基础知识。减少学科设置的同时,鼓励学科之间的融合,促进综合实践和发展跨学科思维。这有助于培养学生更全面的能力,让他们更好地应对未来的社会需求变化。

总体来说,"双减"政策的核心目的是使教育更贴近学生需求、更注重学生全面素质的培养,减轻学生过度的学科压力,促进学生在更宽广的领域内发展。这一政策的实施需要学校在教学内容、方式和评价等方面进行创新,让教育更加符合时代潮流和学生的成长需求。

黄老师针对"双减"政策,探讨如何在保证体育教学质量的前提下,合理精简课程内容,注重学科融合。其讲座涉及以下内容。

提升学生体育兴趣:探讨如何通过创新的教学方式,激发学生对体育的兴趣,使体育成为他们生活中的乐趣。

智能化技术在体育教学中的应用:介绍智能化技术在体育教学中的创新应用,探讨如何通过数字化手段提升体育教学效果。

培养学生的终身体育习惯:探讨如何通过体育教学培养学生终身体育锻炼的意识和习惯,使其在未来能够保持良好的身体素质。

2. 教育者心得分享

深圳市福田区教育科学研究院体育教研员李晓东老师分享了"新时代学校体育"心得,凸显了对学校体育的深刻洞察和前瞻性思考。其内容如下。

新时代学校体育不仅仅注重学生的身体健康,更致力于对学生综合素质的培养。体育课不再仅仅是锻炼身体的一门课程,更是培养学生团队协作、领导力等综合能力的平台。针对当今数字化时代将科技融入体育教学的重要性这一问题,李晓东老师指出,通过引入智能体育设备、在线教育平台等,提升教学效果,使学生在运动中更好地体验科技的便捷和趣味。

新时代学校体育注重推动全员参与,让每个学生都能在体育活动中找到自己的兴趣和优势,构建多层次、多样性的体育课程体系。除此之外,文体融合成为一个重要的关键词,将文学、艺术等元素融入体育课程,不仅能够培养学生的文化素养,也为体育活动增色不少。新时代学校体育要保持持续创新,紧跟时代发展步伐,不断更新教学理念、采用新的教学手段,使学校体育更具活力和吸引力。

新时代学校体育是对学校体育现状的深入分析，更是对未来学校体育发展方向的积极探索。通过综合素质培养、科技助力、全员参与、文体融合和持续创新，学校体育将更好地服务于学生的全面发展，为培养具有时代背景素养的新一代健康人才打下坚实基础。

三、智慧体育对教育的帮扶

在当今数字化时代，智慧体育作为教育领域的崭新力量，正在为学校体育事业带来深刻的变革。智慧体育不仅是技术与体育的结合，更是一种对教育的帮扶。以数据分析、智能设备和在线互动为支撑，智慧体育为学生提供了更个性化、科学化的体育学习体验。

智慧体育从一线教师的实际需求出发，通过智能技术的助力，更好地理解学生的体能状况，个性化制订锻炼计划，实现体育教学的精细化管理。

智慧体育对教育的帮扶不仅仅体现在技术支持上，更蕴含在对教育理念和方法的引导中。智慧体育为教育者提供了更多的可能性，鼓励创新、探索，引导学生在体育领域培养更广泛的兴趣和技能。

本部分将探讨智慧体育对教育的帮扶，通过案例分析、专家分享，为广大教育工作者提供实用的经验和启示。让我们携手迈入智慧体育的时代，共同助力学生全面发展、健康成长。

2021年12月16日至19日，广东省乡村体育教师提升行动活动于清远市阳山县黄埔学校成功举办。活动中，教科院附小刘纤羽老师代表广东省基础教育小学体育与健康学科教研基地和深圳市名师工作室亮相并展示了名为"羽毛球：正手击高远球技术"的课例。

刘老师通过互动的方式，让参与者亲身感受和体验羽毛球技术，从而更深刻地理解课例的教学理念。在展示中，刘老师分享了教学思路和心得体会，在如何引导学生正确练习、培养兴趣等方面提供了宝贵的经验。作为广东省基础教育小学体育与健康学科教研基地的代表，刘老师通过实际的教学案例，将教研成果与实际教学有机结合，为乡村体育教师提供了可行的教学范本。

刘老师在活动中的精彩展示，不仅为乡村体育教师们带去了实用的教学技能，也充分展示了深圳市在体育教育领域的丰硕成果。这样的交流与分享活动有助于促进乡村教育水平的整体提升，为广大农村学生提供更高质量的体育教育。

第七节　"智慧体育共同体"项目
对体育教育的影响和启示

智慧体育是在数字化浪潮中迈出的重要一步，也是对体育教育未来发展的深刻思考。这个项目不仅仅是技术的融合，更是对体育教育理念的颠覆；是对学科交叉的大胆尝试，更是对共同体协同努力的探索。在数字化技术的支持下，我们看到了体育教育的新面貌，学生通过在线平台互动学习，教师通过数据分析精准指导，学校与学校之间形成了更加紧密的协同关系。

智慧体育项目标志着技术与体育教育的深度融合。通过在线平台，学生可以获得更加个性化的学习体验，不再受制于传统教育的"一刀切"。这颠覆了传统体育教育理念，将注意力从单一的技能培养转向综合素质的发展，更加注重学生身心健康的全面提升。

传统体育教育往往局限于运动技能的培养，而智慧体育则大胆尝试学科交叉。通过结合科学、数学等学科知识，将体育融入多学科教学中，使学生在锻炼身体的同时，也能够获得更广泛的知识。这种跨学科的尝试有望培养出更具综合素质的学生，为未来社会的需要做好充分准备。

智慧体育不仅仅体现为学生和教师的互动，更体现在学校与学校之间形成的共同体关系上。通过数字化平台，不同学校得以资源共享，交流经验，形成了更加紧密的协同关系。这种协同努力有助于提高整个体育教育领域的水平，为每个学生提供更丰富的学习资源。

在"智慧体育共同体"项目的实际应用中，我们看到了其对学生学业、身心健康的促进，对教师教学水平的提升，对学校教育资源的优化等多方面的正面影响。通过详细的案例呈现，我们能够更清晰地了解数字化时代下，智慧体育是如何为体育教育带来积极变革的。

深入"智慧体育共同体"项目的探索之旅，让我们对未来体育教育充满期待。数字化时代为体育教育提供了更广阔的发展空间，而共同体的协同努力将进一步推动整个体育教育领域向前发展。这是一次变革，也是一次突破，未来的体育教育将以全新的姿态展翅翱翔。

通过这一探讨，我们能够更好地理解智慧体育项目的意义，它不仅仅是对技术的运用，更是一场对传统体育教育模式的挑战和创新。数字时代的智慧体育，将引领着体育教育走向一个更加开放、多元的未来。

一、"智慧体育共同体"项目对体育教育的影响

1. 学生个性化学习模式的开创

"智慧体育共同体"项目通过数字化手段，实现了对学生个性化学习模式的深刻探索。学生可以根据自身特点和兴趣，在在线平台上选择适合自己的体育内容，完成个性化的学习任务。数字化的教学资源丰富多样，既有视频教学，又有在线互动，使学生获得更具趣味性的体育学科学习体验。

2. 教师信息化教学水平的全面提升

智慧体育共同体为教师提供了更多工具和资源，促使教师在教学中发挥创新精神。通过数据分析，教师能够深入了解学生的学习情况，有针对性地进行教学指导。在线互动平台让教师能够及时了解学生的问题，提供个性化的解答和帮助。数字化时代的教学手段使体育教育更趋向于精细化、个性化。

3. 学校间协同发展的新模式

"智慧体育共同体"项目将学校连接在了一个数字化的网络中，形成了一种全新的学校协同发展模式。学校可以通过平台分享成功经验、共同研究创新方案，实现教育资源的优势互补。这种数字化的合作模式不仅推动了个体学校的进步，也为整个共同体的教育水平提供了有效的提升途径。

4. 体育教育管理的智能化升级

数字化时代的智慧体育共同体，不仅在教学上实现了创新，还在管理层面进行了智能化升级。通过数据分析，管理者可以更加清晰地了解学生的整体体育水平和学科素养，为其决策提供科学依据。这种智能化管理促进了教育资源的精准配置和更高效的决策执行。

在"智慧体育共同体"项目的引领下，体育教育如同一只展翅翱翔的雄鹰，更加灵活、高效地适应着数字化时代的潮流。这不仅是对传统体育教育的颠覆，更是对未来教育的激动人心的展望。在数字化的天空下，智慧体育共同体将引领着我们迈向更加美好的教育未来。

二、"智慧体育共同体"项目对体育教育的启示

"智慧体育共同体"项目致力于打造理念共享、资源共享、机制共建、品牌共创、优势互补、相互促进、互惠共赢、共谋发展的平台。智慧体育让学校体育改革落到实处，为体育教学插上智慧的翅膀，切实改进新时代体育工作，帮助学生在体育锻炼中享受乐趣、增强体质、健全人格、磨炼意志，培养德智体美劳全面发展的社会主义事业建设者和接班人。

1. 让运动更科学、让课堂更高效

2019年，深圳市福田区就开始打造智慧体育项目，建设智慧校园、智慧操场，让学生运动更精准、更科学、更专业。在大数据技术的帮助下，课堂更高效、更有针对性了，学生身心也变得更健康了。深圳市福田区在40多所学校开展了监测工作，对1 000多节体育课以及100多个课时的大课间进行监测，期间有十几万学生运用"体能天天练"智慧平台。通过这些实践，福田区积累了一定经验，进而促成了被教育部科技司认定的"智慧体育共同体"项目，我们期望通过这个项目带动更多教师精准施教、更多学生有效锻炼，让健康中国理念尽快在福田区的校园里得到呈现。

2. "智慧体育共同体"项目未来实践中的关键路径

在项目的未来实践过程中，对体育与健康教育的调研应该持续推进。只有深入了解新课标和学生的实际情况，并及时根据调研结果调整优化内容，才能更好地实现教育目标。在这一过程中，要确保有的放矢，有针对性地进行教学设计和改进。学段特色是体育与健康教育的重要方面之一，教育者应该充分发挥学段特色，因材施教，根据不同学段学生的身心发展特点设计合适的课程。这不仅可以提高教学效果，还有助于激发学生的学习兴趣和积极性。鉴于共同体成员学校数量众多、分布跨区跨市，可通过远程手段实现教学资源共享和教学经验共享。利用现代技术手段，如在线教育平台、远程视频会议等，促进成员学校之间的合作。这有助于借鉴其他学校的成功经验，提高整个共同体的教育水平。

在项目的未来实践中，不仅要注重理论研究，更要紧密结合实际情况，灵活运用先进的技术手段，确保体育与健康教育能够真正为学生的全面发展提供支持。

3. 推动体育素养培养，建立明晰规则体系

推动体育素养培养的首要任务是发挥学生的主观能动性，激发他们的积极性。通过创设积极、有趣、具有挑战性的学习环境，引导学生主动参与体育活动，使他们在运动中获得乐趣、增强发展技能的主动意识。这不仅能够促进其身体素质的全面发展，还有助于培养学生团队协作能力、领导力等综合素养。

此外，建立更细致明晰的规则体系也是非常关键的。建立清晰的规则，可以引导各成员学校在共同体中更有序、更有效地开展活动。规则的透明性和公正性能够激发各方更大的创造力，促使成员学校更加主动地提出创新的教育理念和实践方案。有了明确的规则框架，整个共同体的协同合作将更具效率，从而推动体育素养培养事业不断迈向新的高度。

4. "智慧体育共同体"的数字化引领与合作共赢

在共同体推动智慧体育数字化转型的过程中，我们要鼓励共同体基于已有的数据化平台建立数据联通、数据共享机制。通过将各成员学校的数据资源连接起来，实现信息的无缝流通，从而更全面地了解学生的体育素养、健康状况等数据信息。这为个性化的教学设计、精细化管理提供了可靠的数据支持，提升了共同体的智能化水平。

同时，共同体的成员应主动参与、互动交流，形成真正的合作共同体，共同受益、同步提升。通过分享教学经验、成功案例和创新方法，实现成员学校之间的互补与共赢。这种合作不仅仅局限于教学层面，也包括管理、数据治理等方面。只有通过合作和共同的努力，才能更好地推动智慧体育的数字化转型，实现全体师生的共同发展。

最终，共同体成员应当努力成为智慧体育数字化转型的引领者和带动者。通过共同体的努力，能够不断完善智慧体育的理念、方法和技术，引领整个领域的发展方向。这不仅对共同体内部有着积极的推动作用，也为更广泛的教育领域提供了可借鉴的经验和模式。因此，共同体的努力和探索将为智慧体育的未来发展注入更多活力。

本章小结

"智慧体育共同体"项目源于对数字化体育教学的深刻探索。随着科技的飞速发展，数字化手段为体育教育提供了前所未有的可能性。这个项目旨在

将数字技术与体育教学相结合，打破传统体育教学的界限，实现更个性化、高效化的教学。共同体是这一创新项目的核心，这不再是单一学校的孤立尝试，而是形成了一个庞大的网络。学校、教育机构、政府等多方共同参与，形成了共同体，推动数字体育教育的发展。

共同体的建设目标不仅仅是推广数字体育教学，更是为体育教育领域的全面发展奠定基础。通过合作共赢，共同体的成员致力于提高教育资源的共享度，推动教学水平的提升，培养具有更全面发展的学生。

数字化体育教学的实施需要有力的支持和保障。在项目实施的过程中要注重建立健全的保障机制，确保数字体育教学的平稳推进，包括网络建设、技术培训、安全管理等多方面保障，使项目有可持续的发展动力。

项目的实施过程是一个系统工程。从数字化体育教材的开发到教师培训，再到实际运用，每一个环节都需要有序进行。项目组与各学校紧密合作，确保项目的每一步都在正确的轨道上前行。宏观层面上，项目团队制定了合理的推广策略，包括市场营销、宣传推广等。微观层面上，项目团队对每个学校的实际情况进行分析，量身定制实施策略，这使项目在不同学校中都取得了良好的效果。

多元自主特色课程是数字体育教学的有机组成部分。这一课程在时代背景下应运而生，其通过结合学科知识、体育技能等多方面内容，实现了对学生全面发展的有力引导。多元自主特色课程的内容不仅仅局限于传统的体育技能培养，更注重培养学生的创新精神、团队协作能力等。通过设计富有趣味性和挑战性的课程内容，吸引学生主动参与，提高其学习的积极性。项目组通过在多所学校开展多元自主特色课程，取得了显著的效果。学生的综合素质得到了提升，不仅在体育方面有所突破，而且在团队协作等方面也取得了显著进步。

智慧体育监测评估系统可以实现对学生身体状况和学科知识更为全面深入的了解。通过数字化手段，可以更加科学、客观地评估学生的体育和学科水平。项目组还构建了教学应用共同体平台。这个平台不仅仅是一个数据汇总的工具，更为教师提供了更多个性化、精准化教学方法的支持。这使教育更加个性化，更贴近学生的需求。

"智慧体育共同体"项目在体育教育领域产生了深远的影响。不仅让数字化体育教学积累了成功经验，更为整个体育教育领域的创新提供了启示。数字化手段与体育教学的有机结合、多元自主特色课程的实践、智慧体育监测评估系统的构建等方面所取得的成功经验，都为未来体育教育的创新提供了参考。

　　"智慧体育共同体"项目是数字化时代体育教育创新的杰出代表。通过对项目的全面总结，我们看到了数字化技术为体育教育带来的深刻变革。

第六章

推广创新教与学模式
打造附小智慧教育品牌

在当今迅速发展的数字时代，教育领域不断变革，迎接智能教育时代的到来。推广创新教与学模式成为学校打造智慧教育品牌的关键一环。这一过程不仅意味着采用先进的技术手段，更是对传统教育方式进行深刻变革，以满足学生的个性化需求、提高教学效果、培养学生创新能力。

随着信息技术的迅速发展，教育面临着前所未有的机遇和挑战。传统的教育模式逐渐不能满足学生多样化的学习需求，因此，创新教与学模式成为推动学校智慧教育品牌发展的必由之路。智慧教育品牌的打造需要将最新的技术融入教学中，包括人工智能、虚拟现实、大数据分析等。这些技术的有机结合，能够为学生提供更具深度、趣味性和互动性的学习体验。通过智慧教育品牌，能够更好地实现个性化教学，根据学生的兴趣、学习风格和水平，定制不同的学习路径和教学内容，确保每个学生都能够在适合自己的环境中充分发展。创新教与学模式的推广应促进跨学科融合，通过打破学科壁垒，搭建跨学科的学习平台，培养学生的综合素养和解决问题的能力。智慧教育品牌的建设要注重构建一个完整的教育生态系统，包括学校、教师、学生、家长以及企业等多方面的合作，这有助于形成更为全面、协同的教育环境。

在这一变革的时代，我们不仅要关注教育工具和技术的更新，更要审视教育的本质。创新教与学模式的推广，旨在通过整合先进技术、优化教学流程，激发学生学习的兴趣，提高学习效果，培养具有创新精神和实际应用能力的未来人才。

在推广创新教与学模式的过程中，附小追求的不仅是技术上的领先，更是对教育理念的深度思考。我们希望通过对智慧教育品牌的打造，为学生提供更开放、灵活、具有实践意义的学习机会，让每个学生都能够充分发挥自己的潜力，迎接未来的挑战。

因此，在创新教与学模式的推广中，我们致力于培养具备创新精神、全球视野和团队协作精神的未来人才。我们相信，通过学校智慧教育品牌的打造，我们能够为教育事业注入新的活力，引领未来教育的发展方向。

第一节　创新教与学模式的设计

随着社会科技的不断进步，学生面临的学习环境也在发生巨大变化。传统的教育模式难以充分激发学生的学习热情和创造力，因此我们必须迎接设计更具创新性和实际应用价值的教与学模式的挑战。在当今快速发展的社会背景下，传统的教育模式已经难以满足日益多元化和个性化的学习需求。创新教与学模式的设计不仅是一次对传统教育模式的颠覆，更是一场对未来学习的深刻探索。创新教与学模式旨在探讨创新教与学模式的设计原则、实践方法以及其在不同学科和层次上的应用。本节将深入研究如何通过整合先进的技术手段，结合最新的教育理论，构建一个既注重个性发展又强调实际应用的教学框架。

一、创新教与学模式在当前教育环境中的必要性

传统的教育模式往往过于"一刀切"，难以满足不同学生的个性化学习需求。创新教与学模式注重因材施教，通过多样化的教学手段和方法，更好地适应学生的学习差异，使每个学生都能够在自己的节奏和方式下获得更丰富的学习体验。

过去数十年，教育往往强调知识的灌输，而创新教与学模式更注重培养学生的创新思维和解决问题的能力。这一模式通过开展项目学习、实践活动和跨学科的学习，激发学生的好奇心和创造性思维，使其具备更好的应对未来社会挑战的能力。

在信息时代，知识的更新速度极快，传统的教育模式难以跟上时代的步伐。创新教与学模式借助现代技术，通过数字化手段和在线学习平台，使学生更灵活地获取知识，培养他们主动学习的能力，以适应信息时代的学习要求。创新教与学模式注重培养学生的综合素养，包括批判性思维、沟通能力、

团队协作能力等。通过处理实际问题和参与社会互动的学习，学生不仅仅是知识的获取者，更是具有综合素养的全面发展者。

创新教与学模式在当前教育环境中是不可或缺的。它为构建更富有活力和适应性的学习环境奠定了基础，满足了学生的个性化学习需求，更培养了他们应对未来挑战的能力。

二、附小智慧教育品牌的起源和发展历程

附小"学研融创"智慧教育品牌的起源与学校对于教育创新和智能化技术的关注有关。学校在较早的阶段就认识到，传统的教学模式面临挑战，需要引入创新的教育方法和智能技术，学校领导层对未来教育发展趋势十分敏感。

1. 教育理念的构建

附小"学研融创"智慧教育品牌的发展不仅仅是技术的引入，还涉及对教育理念的深刻思考和构建。学校通过与教育专家、技术团队以及学科教师的合作，形成了一套独特的智慧教育理念。这个理念强调个性化学习、跨学科教学、实践型学习等，以更好地满足学生发展的需求。

2. 技术平台的引入

在智慧教育品牌的发展中，引入先进的技术平台是至关重要的。附小投入了大量资源用于开发或采购智慧教育软件、硬件以及数据分析工具。这些技术平台通过云端系统、人工智能、大数据分析等技术，为学校提供了更全面的教学支持和学生管理工具。

3. 实践和改进

附小"学研融创"智慧教育品牌的发展不是一蹴而就的。学校在品牌推出后，通过实际教学实践不断总结经验，发现问题并改进。这涉及师资培训、家校沟通、学科整合等方面的工作，确保品牌的可持续发展。

4. 成果与宣传

在附小"学研融创"智慧教育品牌发展的过程中，学校积累了一系列成功的教学案例，收获了学生的优异表现以及家长的认可。这些成果成为品牌宣传的有力支持，学校通过学术论文、媒体报道、校园开放日等方式向外界展示品牌的价值和影响。

附小"学研融创"智慧教育品牌的起源和发展历程是一个综合了教育理

念、技术创新、实践改进和成果宣传的全面过程。这一过程充满了挑战，但也为学校创造了独特的教育品牌和教学模式。

三、创新教与学模式的框架设计

在当今快速发展的社会和教育环境中，传统的教学模式逐渐显露出无法满足学生多元需求的不足。为了更好地培养学生的创新能力、综合素养和适应未来社会的能力，我们迫切需要一种新的教与学模式，这不仅仅是教育的需要，更是对未来领导者、创造者和社会参与者的培养要求。

创新教与学模式可以帮助教育者更好地应对不断变化的教育需求，更灵活地运用各种教学策略，使学生在充实的学科知识基础上，更好地发展个性、增强综合素养。创新教与学模式的设计不是一蹴而就的，而是一个与时俱进的过程。我们鼓励教育者在实践中不断尝试、反思和改进，共同探索适合自身和学生的最佳教学模式。我们期待这一设计框架能为广大教育者提供启示，为学生的全面发展和未来的成功提供更为有力的支持。

设计创新教与学模式的框架应该综合考虑教学理念、跨学科整合及学生参与合作。

1. 教学理念明确

当前学校教学理念强调个性化、跨学科、实践性等方向，关注学生的全面发展，包括智力、情感、社交等各个层面。智慧教育的教学理念强调整合现代技术和先进教育理念，以提升教学效果、实现个性化学习和培养综合素养为目标。以下是智慧教育的一些核心理念。

智慧教育注重每个学生的独特性，通过智能化技术，根据学生的学习风格、兴趣和能力水平，提供个性化的学习路径和资源，以更好地满足不同学生的需求。教育科技被有效整合到教学中，以提供更富有创造性和互动性的学习体验。利用虚拟现实、人工智能、大数据等技术，为学生创造沉浸式、多感官的学习环境。

智慧教育强调将理论知识与实际应用相结合，通过实践项目、模拟场景等方式，使学生在实际操作中学习，培养其解决实际问题的能力。利用在线平台和协作工具，鼓励学生展开协作学习，共同解决问题，分享经验，培养其团队合作和沟通能力。

智慧教育注重激发学生的主动性，培养他们自主学习的能力。通过在线资源、自主研究项目等方式，鼓励学生积极参与学习过程。利用智能平台，教师和学生之间实现了更紧密的互动。教师能够实时了解学生的学习情况，及时调整教学策略，提供个性化的反馈。

综合这些理念，智慧教育致力于构建一种灵活、创新、适应未来社会需求的教育模式，以更好地培养学生的综合素养和适应能力。

2. 跨学科整合

许多现实生活中的问题往往不仅属于一个学科范畴，而是涉及多个领域。跨学科整合能够更好地应对这种复杂性，为解决问题提供全面的视角。随着科技和社会的发展，各学科领域的知识不断增加，学科之间的交叉融合也变得更为频繁。跨学科整合有助于应对知识在当今时代的迅速扩展，适应学科之间界限的模糊性。实际应用中，解决问题往往需要不同领域的知识和技能的协同作用。跨学科整合使相关学科能够更紧密地合作，共同应对实际挑战。

3. 学生参与合作

在智慧教育的发展中，教育强调学生的主体性，倡导学生积极参与教学活动，学生的参与合作使教学变得更加灵活多样。传统的教育环境受限于时间和空间，而智慧教育则为学生提供了更广泛的参与合作机会。学生们不再局限于课堂内，而是能够通过数字化平台，获得更富有互动性和合作性的学习体验。

在这个数字化时代，学生参与合作的方式不再受制于地理位置或时间差异。他们可以通过在线协作工具、虚拟实验和模拟、远程团队项目等多种方式，实现跨地域、跨学科的合作。这为学生提供了更大的空间，使其可以自由探索、共同学习。

学生在智慧教育环境下的参与合作，不仅仅是为了获取知识，更是为了培养团队协作、沟通技巧、创新思维等综合素养。通过参与在线讨论、虚拟项目、多人在线游戏等活动，学生能够在协作中拓宽视野，增强解决问题的能力。

4. 灵活的教学策略

在当今快速变革的教育环境中，灵活的教学策略变得至关重要。传统的教学方法可能无法满足多样化的学习需求，因此采用灵活多样的教学策略成为一种必要的趋势。教学策略主要有探究式学习、小组合作、案例教学法等。

通过引入不同的教学策略，教育者可以更好地满足学生的个性化需求，激发他们的学习兴趣。探究式学习有助于培养学生的探索精神和问题解决能力，小组合作则能够促进团队合作，提升学生沟通技能，而案例教学法提供了真实场景的学习机会，可以增强学生学科知识的实际应用能力。

每一种教学策略都有其独特的优势，但如何在实际教学中结合学科特点巧妙运用，是一个需要深入思考和探索的问题。对不同学科和主题选择最适合的教学方法，教育者可以更好地激发学生的学习热情，提高教学效果。

5. 技术支持与整合

技术支持与整合是推动教育创新的关键因素，充分利用智能化教育平台、在线资源和虚拟实验等工具，可以实现更为灵活、高效的教学。现代技术的引入不仅丰富了教学手段，更为学生提供了多样的学习资源。智能化教育平台支持教育者进行个性化教学设计，并根据学生的学习风格和水平提供定制化的学习体验。在线资源的丰富性使学生可以随时随地获取相关知识，拓宽他们的学科视野。虚拟实验则为学生提供了在实验室难以获得的实践机会，帮助他们更深入地理解学科知识。

此外，数据分析技术的应用也是技术支持与整合的重要组成部分。通过对学生学习行为和表现的数据分析，教育者可以更好地理解每个学生的需求和潜力，为其提供个性化的学习建议。这种精细化管理有助于更好地满足学生的学习需求，提升整体教学效果。

我们在智慧教育建设过程中，深入研究技术支持与整合在教学中的应用，探讨如何最大程度发挥现代技术的优势，为教育者提供实际可行的教学方案，促使教育走向更加数字化、智能化的未来。

6. 实践与应用导向

实践与应用导向的教学理念，强调将知识与实际应用相结合，培养学生的实际运用能力和问题解决能力。实践与应用导向的教学理念旨在打破传统学科划分的界限，使学生能够将所学知识应用到真实场景中，真正理解和掌握学科的实际应用方法。此教学方法还探讨了如何组织实地考察、实验课程、社会实践等丰富多样的活动，以激发学生的学科兴趣和主动学习欲望。通过将理论知识与实际案例相结合，学生能够更深入地理解和体验所学内容，培养实际运用知识的能力。

实践与应用导向的理念旨在培养学生的实际动手能力，使他们在学习过程中能够灵活运用所学知识解决实际问题。通过这种教学方法，学生将不仅仅是知识的获取者，更是能够灵活应用知识的实践者。这一理念的实际运用，可以提供具有可操作性的教学策略和案例，为教育者打开实践与应用导向教

学的崭新视角。

7. 对教师的培训与支持

随着科技的飞速发展和社会的变革，教育领域面临着前所未有的挑战和机遇。新教学模式的涌现为教育注入了新的活力和思维方式，也对教师的素养提出了更高的要求。我们深入研究了教师培训与支持的重要性，着重关注在信息化时代，如何更好地满足新教学模式下的师资培训需求。

在这个时代，教育不再是传统的知识灌输，而是更注重培养学生的综合素养和创新能力。因此，教师需要具备更丰富的教学策略和更高的技术运用水平，以便更好地引导学生适应未来社会的需求。我们将探究如何设计有针对性的培训计划，帮助教师更好地理解和应用新的教学模式，以应对日新月异的教育挑战。

教育是一个共同体的事业，而教师的团队协作和经验分享对于提高整体教育水平至关重要。搭建共享平台，促进教师之间的互相学习和共同成长；通过共享和合作，教育团队将更好地适应和引领新教学模式的实践。

通过探讨教师培训与支持的策略和实践经验，我们期望为广大教育从业者提供切实可行的指导，助力教师更好地适应新时代的教学挑战，为学生成就更优秀的未来奠定坚实基础。

第二节　"学研融创"四维教学模式

随着"双减"政策的出台，学校教育面临着更高的要求，需要在保障教学质量的同时减轻学生过重的学业负担。因此，学校需要主动须应政策变化，积极探索新的教学路径。附小意识到传统教学方式在提高教学效果上存在一定的局限性，而借助基于 AI 赋能的数据驱动课堂教学，学校可以更全面、精准地了解学生的学业水平和需求，从而有针对性地优化教学过程，提高教学效果。

AI 技术在教育领域的应用为学校提供了新的机遇。通过人工智能技术，学校能够更好地实施个性化教学，实现精细化管理，并在教学过程中提供及时的反馈，有助于师生双方的优化学习。基于 AI 赋能，附小构建了"学研融创"四维教学模式。这种模式整合了学科知识的学习、教学方法的研究、跨学科融合以及创新实践四个方面，为教学提供了更丰富的角度，有助于提高学生的综合素质。该模式从教学内容的研究，到重点开展教与学方式转变的创新实践，为同行提供一个可借鉴的模本。

一、模式介绍

（一）学——自主探究、合作探究

1. 自主探究

"学"主要是指学习方式的转变，从"教师教、学生学"的学习方式转变为自主合作学习、分小组项目式学习的学习方式，即转变为以学生为中心的学习方式。教师通过智能平台将课件直接传给每个学生，使教学更直观、清晰，实现分层次教学的目标。教师先进行系统讲解，保证每个学生都能达到本课的基本要求，讲解后给出足够的时间让学生自己练习。在此过程中，学有余力的学生可以提前学习新知识，有疑问的学生则可以回顾相关知识点。学生自主学习的积极性得到提高，他们也就都能参与到课堂中来。

2. 合作探究

利用智能平台，学生以合作的方式收集、处理信息，获取、运用知识，探讨、设计、执行方案，解决现实问题，用多种方式呈现结果。

教师首先提出一个启发性的问题，这个问题可以是与课程相关的实际问题，也可以是社会生活中的挑战性问题。学生在小组内展开讨论，通过合作形成对问题的理解，并明确研究的目标。在理解问题的基础上，学生小组共同制订研究方案，确定信息收集的途径、数据处理的方法。这一阶段强调学生的合作能力和团队协作能力。学生运用智能平台进行信息的收集，可能包括调查、实地考察、网络搜索等多种方式。通过数字化工具，他们能够更有效地收集和整理数据，实现数据的可视化和清晰呈现。最终，学生小组通过多种方式呈现研究结果，可以是文字报告、演示文档、数字化作品等形式。这样的多样性呈现有助于激发学生的创造力，同时智能平台也提供了多种工具支持学生创作。

通过这种合作探究的学习方式，学生在解决问题的过程中不仅学到了学科知识，还培养了团队协作能力、解决问题的能力以及运用智能平台进行数字化学习的技能。这种学习方式能够更好地激发学生的学习兴趣和主动性，提高他们的综合素养。

（二）研——研教师、研学生

1. 研教师

即借助全景教研助力教师教学研究，基于附小"智慧课堂"建设特色，开展语文、数学、英语、科学、体育等各学科教师的分类进阶式教学研究，附小运用"课堂 AI 分析系统"对教师课堂实录进行评测，采用人工智能语音识别技术，利用机器自动完成对课堂语音数据的教学分析，从教师的语速、凝练度、情绪、想象力、口头禅、风格强烈程度、情绪饱满度、课堂的互动次数等多个方面进行智能分析。通过"全景教研"平台进行课堂观察诊断，从 AI 磨课到研习，全方位发现教师的"教"存在的问题。学校基于教师的评测数据与教学组提出优化青年教师课堂的策略，帮助青年教师有意识地发现、分析、优化教学方式方法，从而提升青年教师课堂教学质量，通过"前中后"数据检测全方位地提升学科教师的专业理论支撑及教学综合能力。

按照"全景教研"—"AI 磨课"—"在地研习"—"前中后全方位教研"的研训模式，实现教师研究课例教学练用评一体化，塑造附小课堂研究特色。

2. 研学生

利用课前任务布置及大数据技术对学生学习行为进行数据分类，实现以线上数据驱动的学生学习行为教育，搭建线下数据与互联网平台，从而为教师的教学评价与教学指导提供足够的依据。对学生学习行为和学习成效进行分析，有利于为后续课程的持续改进找准方向，实现教育教学质量的提升。

例如，基于附小的智能教学基础和理念，体育科教学组率先尝试依托 AI 技术精准监测与评价学生的体能训练，利用运动数据采集装备与综合管理平台，通过学生佩戴的传感器设备，实时采集每位学生运动过程中的心率及运动负荷情况等数据，对潜在的运动风险进行实时的评估与预警。根据学生的各项体能状态，研究分析学生不同时间段的运动强度与训练设计是否合理，为学生的体能训练效果评估提供科学的依据，并将学生的体质数据形成电子成长档案，为教师设计合理的体育课程提供参考，为学生的体质健康保驾护航。

（三）融——融技术、融平台、融学科

1. 融技术

学科教师使用希沃白板创设形象生动的动画情境引出学科问题，利用多媒体互动活动将思维可视化，在游戏中培养学生解决问题的能力。在培养低年段学科核心素养方面，课后教师运用"晓黑板"发布线上活动，学生相互分享学习成果并自创比赛。这样线下线上相结合的活动锻炼了学生学习能力，提高了其学习的自主性。

2. 融平台

各学科通过 ClassIn 平台展示了视频制作、线上小组合作、课堂评价、学生自主操作等教学内容，将学科教学和信息技术进行了高度融合。附小利用智能化系统，指导教师探索信息化赋能体育教学运用的模式，提高教师主动把智能化系统运用到体育课堂的意识，帮助教师熟练掌握智能体育课堂的教学方法和路径。在此过程中，形成利用智能化系统进行体育教学以及促进学生锻炼的典型案例，汇聚优质教育资源，进而实现共同体成员优质教育资源共建共享。

以网络为主要平台，遵循"七个一体化"，将共同体建设向纵深推进。

3. 融学科

附小在全面推进素质教育的过程中十分重视信息技术赋能学科教育，做到"信息化就像空气一样存在于每个学科"。学科融合是实施教与学改革的重要渠道，课堂教学是课程改革的主阵地。在此过程中，语数英、音体美、科学、信息技术、综合实践、劳动实践等各个学科教师团队，基于"教与学"方式转变，聚焦教学过程，深入探索各学科教育背景下项目式学习方式，推动各个学科在相互融合、相互渗透中创新概念、创新品格、创新思维、创新方法。各学科百花齐放，各有特色、各有行动，形成了具有附小特色的创新智慧教育。

（四）创——创多维评价、创素养活动、创作业形式

1. 创多维评价

附小开创的掌上附小平台实现了过程性评价与总结性评价相结合的培训评价与管理。我们采用"成果+过程"的方式，通过掌上附小平台等及时反馈、管理教师培训全程活动的参与情况（如登录次数、时长、学习进度、互

动、成果展示等活动情况），生成过程性评价数据，让线上培训更加个性化、即时化、行动化。

2. 创素养活动

为提高师资水平，培育教师课程创变思维，打造优秀教师队伍，打破学科的壁垒，附小面向教师开展了课程融合、创变系列活动。为让智能创新的种子在校园里生根发芽，附小面向学生定期开展丰富多彩的学科素养月活动，以学年为单位进行整体设计，让学科素养活动体系化、课程化。学校层面，以节日和素养月的方式落实核心素养；年级层面，各年级针对本年级的学生特点与课程开展主题科创活动；班级层面，创建全学科阅读交流模式，建立学校和家长共同培养孩子学科素养精神的机制，实现家校社区的联动；社会层面，采用"请进来，走出去"策略，邀请名家进校园，鼓励学生走出校园参加综合实践活动。以上活动在丰富了师生校园生活的同时，大力活跃了校园氛围。

3. 创作业形式

为了更好地落实"双减"政策，切实做到"减负增效"，附小依托平台，在作业形式上进行了创新。以深圳市教科院作业样例为指引，附小推行"1 + 6n"作业设计新体系，"1"代表基础性作业，"6"代表语文、数学、英语、科学、艺术和体育6个学科，"n"则代表学科拓展作业的多样性、丰富性。其中以抄抄写写、字词过关等以知识点为主的基础性作业，基本在课堂上做到"堂堂清"；而以知识强化、能力提升和综合探究为主的拓展性作业，则由学生根据兴趣选择性完成。作业形式分为基于问题，设计操作性作业；联系实际，设计生活性作业；提倡能动，设计自主性作业；巩固融通，设计整合性作业。

二、各学科实施路径探索

随着教育的不断发展和变革，探索各学科的实施路径成为迫切的需求。在这个信息化时代，我们正面临着知识爆炸和跨学科整合的挑战，同时承担着培养学生创新思维和解决人才培养问题的迫切任务。各学科在教学中具有不同的特点和发展趋势，因此有必要制定相应的实施路径。通过探索和总结各学科实施路径的成功经验和创新实践，我们能够为广大教育工作者提供有益的启示和指导。

随着社会的不断进步，学科之间的交叉融合日益显著，多学科的综合性能力成为学生发展的必备素质。因此，本部分重点关注跨学科整合的实践，通过案例分析，探讨如何促进各学科之间的有机结合，为学生提供更全面、更实用的知识体系。

在新的教育时代，各学科实施路径探索不仅是一项必要的任务，更是推动教育创新和提高教学质量的关键因素。通过共同努力和分享，我们有信心为教育事业的发展贡献力量。

（一）语文学科"学研融创"教学模式的古诗词教学探索

在信息技术背景下，语文学科以"学研融创"为指导思想，对古诗词教学进行了深刻的探索。通过"聆听""诵读""书写"和"创编"环节，为学生提供了更为丰富、多元的学习路径。具体实践内容见图6-1。

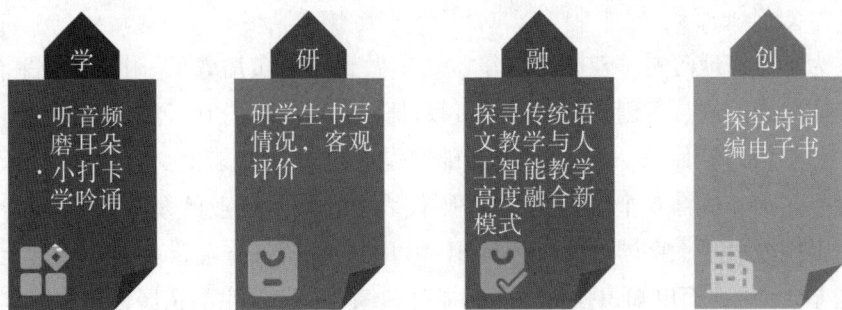

图6-1　"学研融创"教学模式下的古诗词教学

1. 聆听——自主探究学习

在"聆听"环节，学生通过信息技术平台，自主选择古诗词的音频资源，聆听古代文学的美妙之音。这种自主探究学习的方式让学生能够更加灵活地安排学习时间，激发其学习的主动性。通过多样化的资源，满足学生个性化学习需求，培养其对文学艺术的兴趣。

2. 诵读——合作探究学习

"诵读"环节注重合作探究学习。学生可以在信息技术支持下，通过在线平台进行古诗词的合唱或朗诵，组建虚拟的合唱团。这样的合作学习既增强了学生的团队协作能力，又提高了他们对古诗词的情感投入，还培养了其表达能力。

3. 书写——研学生、研教师

在"书写"环节，通过信息技术的支持，学生可以利用在线工具进行古诗词的创作，形成数字化的诗文。教师在这一过程中可以深入了解学生的文学素养和写作技能，进行个性化的指导。同时，学生也可以通过互联网平台学习和模仿经典的古文风格，展示创作的成果。

4. 创编——创素养活动、创作业形式、创多元评价

"创编"环节是整个教学模式的高潮，学生在此阶段通过信息技术工具，开展多样化的创新活动。例如，利用数字工具设计古诗词展示页面，参与线上古诗词创作比赛等。这不仅提升了学生的创造力，也为教师提供了更多元的评价方式，促进学生多方面发展。

以《静夜思》教学为例，学生可以通过聆听古诗词的朗读，感受其音韵之美；在合作环节，通过在线平台进行合唱或合诵，锻炼语感；在书写阶段，通过在线写作工具进行创作，教师在此过程中进行实时指导；最终，在创编环节，学生可以利用数字工具设计一个包含音频、视频、图片等多媒体元素的古诗词展示页面。

语文学科以"学研融创"为引领思想，将信息技术融入古诗词教学的方方面面，探索了更为灵活、多元的学习路径。通过"聆听""诵读""书写"和"创编"环节，学生在信息技术的助力下更好地理解、表达和创造，形成了更为全面的语文素养。同时，这一教学模式也为教师提供了更多元的评价手段，促进了双向的教学互动，推动了语文学科的创新发展。

（二）数学学科基于"微课模式"的"学研融创"创新实践

数学学科的"学研融创"创新实践表现为运用信息技术平台，如希沃白板、ClassIn、传而习、网络微课等开展教与学的创新。

（1）"学"：在数学每课一练中设计10分钟左右能够完成的专项练习题，巩固当堂所学；在每周一探究中，一、二年级为"口口相传"作业，三至六年级为"微型项目式研究"作业，如四年级学生的一项作业就是以"牙签桥"为项目式主题，通过小组探究合作学习，探索稳定性问题。

（2）"研"：对于高年级学生，课前发布微课视频，让他们提前预习所学内容并提出问题。对于低年级学生，运用视频、动画、希沃游戏等信息化手段发布微课设置课前问题，通过答题数据情况对学生的"学"进行研究，从而以学定教。

（3）"融"：运用 ClassIn、一起作业、班级小管家等各种信息化平台发布学习任务，并建立小组成员线上好友群，分享交流，合作学习。

（4）"创"：指创新数学学科素养月，创新作业形式及评价。

数学学科基于"微课模式"的"学研融创"创新实践，将信息技术有机融入学科教学中，既满足了学生个性化学习的需求，又促进了学科教学模式的创新发展。通过"学研融创"四个方面的努力，附小进一步激发了学生对数学学科的兴趣，提高了其学科素养。

（三）"学研融创"英语学科六步教学法

英语学科运用信息技术平台、软件如 ClassIn 平台、希沃白板、班级优化大师、互联教学助手、WPS、微课，积极探索附小"学研融创"模式下的英语课堂教学六步教学法，即：热身激活—新知呈现—任务驱动—操练内化—拓展运用—任务布置（见图 6-2）。以下是部分内容的具体实践。

图 6-2 "学研融创"英语学科六步教学法

1. 轻松启程，激发英语学习的奇妙之旅

在这个充满创意和活力的英语学科六步教学法中，我们踏上了一趟轻松而富有趣味性的旅程，它正是热身激活环节的精彩展开。以"轻松启程"为主题，我们通过情境化的语境和生活化的话题，巧妙地激发学生学习英语的兴趣和积极性。

将英语学习塑造成一场奇妙的冒险，通过引入游戏、音乐等元素，为学生创造出一个轻松愉悦的氛围。游戏环节可以包括语言游戏、角色扮演，使学生在不知不觉中投入英语学习。

2. 任务驱动，语境中的英语大冒险

（1）任务型教学设计。

在这个充满活力和创意的教学环节中，我们通过精心设计的任务型教学

活动，将学生置身于实际运用语言知识的场景中。以"语境中的英语大冒险"为主题，通过任务的完成激发学生自主学习的欲望。任务既有挑战性，又贴近学生的生活，让学生在实际应用中感受语言的力量。

（2）引导者的角色。

在任务驱动的过程中，教师不再是传统意义上的知识灌输者，而是扮演引导者的角色。教师通过巧妙设计的任务，引导学生主动探究，通过实践应用巩固其所学的语言知识。这一环节的目的是激发学生的学习主动性，培养他们在实际情境中运用英语的能力。

（3）任务完成的成就感。

任务完成后，学生将收获满满的成就感。这不仅来自任务本身的挑战，更源于他们成功运用所学知识完成任务后的自信和喜悦。这种积极的情感体验将进一步激发学生对英语学习的热情，促使他们更加主动地投入学习中。

通过这个任务驱动的教学环节，我们旨在打破传统教学的束缚，让学生在实际运用中体验语言的魅力，激发他们自主学习的动力。

3. 拓展运用，英语掌中宝

（1）互联教学助手的引导。

在这个环节中，我们运用互联教学助手等工具，为学生提供一个英语学科知识拓展的平台。通过多媒体资源、网络资源等，学生可以在更广泛的语境中应用所学知识。互联教学助手不仅是学科知识的扩展者，更是学生学习的伙伴，其通过引导学生探索、发现，激发他们对英语的更深层次理解。

（2）丰富的多媒体资源。

我们通过丰富多彩的多媒体资源，打破传统课堂的单一性，为学生呈现更加生动、直观的英语学科知识。这种富有创意和互动性的呈现方式，既提高了学生的学习兴趣，又使他们能够更好地理解和应用所学的知识。

（3）学科知识的实际应用。

在这个环节中，学生将所学的英语知识应用到实际生活场景中。通过参与实践性的英语活动，如英语角、英语演讲比赛等，学生可以更自如、更自信地运用所学的语言知识。这样的实际应用既锻炼了学生的口语表达能力，又使他们更好地在语境中理解和运用英语。

通过这一拓展运用的环节，我们旨在打破传统教学的单一性，为学生提供更广泛、更立体的学科知识体验，培养他们在实际应用中灵活运用英语的能力。

4. 任务布置与多元评价

（1）创新型任务的布置。

在这个环节，我们为学生设计了一系列创新型的作业，包括口头表达、书面作业、小组合作等多种形式。通过这些任务，激发学生的创造力，引导他们在英语学科中展现出更多的个性和特长。这种创新型任务的布置不仅拓宽了学生的学科视野，更培养了他们解决问题的能力。

（2）多元评价方式的运用。

在评价方面，我们采用了多元的评价方式，不仅包括传统的笔试、口试，还包括对学生表现的综合评价。通过 ClassIn 平台的评价工具，教师能够更全面地了解学生的学科水平和潜力。这种多元评价方式更符合学生个性化发展的需求，也更有利于挖掘和培养每个学生的优势。

通过多元评价环节，我们致力于打破传统评价的单一性，关注每个学生的个性差异，为他们提供更加全面、公正的学科评价体系。这也有助于激发学生对英语学科的兴趣，促使他们更好地发挥潜能。

"学研融创"英语学科六步教学法，充分结合了在线教育平台和信息技术工具，通过自主、合作、任务驱动等多元学习方式，激发学生学习的积极性和主动性，促使英语学科教学更具有创新性和实效性。

（四）"学研融创"模式下的智慧体育构建

"学研融创"是一种体现学科教学深度融合、创新发展的教学模式。在智慧体育领域，这一模式将信息技术、大数据应用、学科研究、实践创新有机结合，推动体育教学的数字化、智能化和创新化。

在这一模式下，学科深度融合是关键，通过平台对智慧体育相关资源进行整合，进而形成更具系统性和综合性的教学内容。智慧体育通过实时监测和数据采集，形成大量的学生运动数据。这些数据不仅可以用于课堂教学的个性化调整，还可作为研究的基础。学校可以基于这些数据展开体育教学的研究，深入了解学生的运动特点，为更科学地制订教学方案提供依据。在这个模式下，学科教研团队与实际的教学实践密切相连，通过教学实践不断调整研究方向，同时通过研究成果切实提升教学水平。在智慧体育的教学模式下，创新实践是推动教育发展的动力。这包括创新的教学方法、基于智慧体育数据的课程设计、利用先进技术的学科创新等。学生也通过体育活动中的实际操作，锻炼创新思维和解决问题的能力。

总体而言，"学研融创"教学模式下的智慧体育强调学科间的深度融合、基于数据的研究、教研与实践的融合以及创新实践的推动。这种模式不仅提升了体育教学的水平，也培养了学生的综合素养和创新能力。

目前智慧体育已经沉淀了160多节课中1 200多名学生的数据，并且基于这些数据开展了40多次的教研活动，为教师了解学生体质情况，改善课堂提供了精准的数据支持。

三、"学研融创"模式下学校教学的变革

"学研融创"模式的提出标志着学校教学进入了一个全新的阶段，这一模式为教育培养目标的实现提供了更为灵活、创新的途径。本部分主要探讨"学研融创"模式下学校教学的变革，旨在为教育界提供一些建设性的观点和实践经验。

随着信息技术的不断普及和教育观念的更新，"学研融创"模式为传统的教学方式注入了新的活力。

首先，这一模式倡导学、研、融、创的有机结合，强调学习、研究、融合和创新的全面发展。这使学校的教学理念更加灵活和多元，不再局限于传统模式，而是更加注重培养学生的创新思维和实际应用能力。学生在"学研融创"模式下更容易形成对知识的深刻理解，培养综合素质。

其次，"学研融创"模式对师资队伍提出了更高的要求。教师需要不断更新自己的教学理念，掌握先进的教学方法和技术，提升数据分析和创新能力。学校需要通过针对性的培训计划，帮助教师适应"学研融创"模式的教学环境，提高他们的综合素质。

最后，"学研融创"模式对学科发展提出了更高的要求。它强调跨学科整合，倡导各学科之间的互动与合作。这有助于打破学科之间的壁垒，促进知识的交叉与融合，培养学生更为综合的学科素养。

总体而言，"学研融创"模式推动了学校教学的变革，促进了对学生全面素质的培养，提升了教师的综合素质，推动了学科发展的创新。这一模式的影响不仅仅局限于单一层面，而是在多个方向上推动了学校教育的全面进步。

第三节　深化教师队伍建设，促进学校高质量发展

深化教师队伍建设，促进学校高质量发展，是当前教育事业亟须做到的。教师队伍的素质和水平直接关系到学校的教育质量，进而影响学生成长成才的质量。社会的发展和教育理念的更新，对教师提出了更高的要求。在这一背景下，深化教师队伍建设，既是应对时代挑战的需要，也是推动学校高质量发展的关键一环。

教师是教育事业的中坚力量，他们的专业素养和教育水平直接决定了学校的整体实力。因此，深化教师队伍建设，首先要关注教师的专业发展和学科素养的提升。通过不断提升教师的学科知识水平、更新教育理念、创新教学方法，可以有效提高教师的教育水平和素质。同时，建设积极向上的教育氛围，激励教师不断学习和进步，是培养高素质教师队伍的有效途径。

此外，教育的发展需要教师具备更多的创新能力和实践经验。在当今信息化时代，深化教师队伍建设要注重培养教师的信息技术素养，推动数字化教育手段在教学中的应用。这不仅可以提高教学效果，还能更好地满足学生多样化的学习需求。因此，推动教师信息技术水平的提升是深化教师队伍建设的重要内容之一。

总的来说，深化教师队伍建设是推动学校高质量发展的战略举措。关注教师的专业发展、学科素养提升和信息技术应用水平，能够更好地满足当代教育的需求，培养更具创新力和实践经验的优秀教师队伍。这也将为学校的高质量发展提供坚实的师资支持和强大的动力。

在信息时代，教育迎来了前所未有的机遇与挑战。学校作为培养未来社会栋梁之材的摇篮，必须积极适应时代潮流，深化教师队伍建设，推动学校高质量发展。在这一背景下，学校不仅要关注传统的教育手段，更要面向未来，打破传统的教学框架，创新教育模式。"学研融创"新模式，正是适应时代发展的需要，引领学校实现高质量发展的重要举措。

一、"学研融创"模式注重培养学生的自主学习能力和合作精神

"学研融创"模式下，学生在自主探究中培养独立思考的能力，通过合作学习增强团队协作的技能，从而更好地适应未来社会的发展。同时，该模式注重教师的专业发展，通过研学生、研教师，不断提高教育者的业务水平，使其更好地引领学生面向未来。

在信息技术的加持下，"学研融创"模式中的融技术、融平台、融学科，为教育注入了新的动力。通过技术的应用，学生可以更直观、生动地学习知识，激发学科兴趣。这一模式融入各种平台，使学习不再受时间和空间的限制，促使学校教育更具灵活性。同时，跨学科的融合将不同学科之间的知识联系起来，促进学生全面发展。

创新是"学研融创"模式的灵魂。在创素养活动、创作业形式、创多维评价的指引下，学校教育从传统的灌输式教学中解脱出来，更注重培养学生的创造力、实际动手能力和解决问题的能力。这不仅使学生在知识上得到丰富，更能够培养他们独立思考和解决问题的能力。

"学研融创"新模式的提出，为学校的教育教学工作带来了全新的视角。我们将在这个模式的引领下，探讨如何深化教师队伍建设，促进学校高质量发展，进一步激发学校的创新活力，培养更多的栋梁之材。

二、深化教师队伍建设

在新时代背景下，教育事业迎来了更大的发展机遇和挑战。学校作为培养未来人才的摇篮，其高质量的发展与教师队伍的建设密不可分。本部分将探讨如何深化教师队伍建设，以及促进学校实现高质量发展的路径和策略。

1. 注重师德师风建设

师德是教育的灵魂，良好的师德师风是教师队伍建设的基石。学校应该通过定期的师德培训、座谈会等形式，引导教师强化职业操守，树立正确的教育观念，形成风清气正的教育环境。

2. 制定并实施个性化培训计划

学校应制订并实施个性化的培训计划，满足不同教师的成长需求。培训

内容应包括新课程标准、创新教学方法、信息技术应用等多个方面，旨在提升教师的综合素养，使其更好地适应新时代的教育需求。

3. 倡导"学研融创"模式

学校应倡导"学研融创"模式，鼓励教师参与学科研究、教学改革和创新实践。学校可以设立研究团队，提供良好的研究平台和资源支持，激发教师的创造力和实践精神。

4. 建立多层次激励机制

学校应建立多层次的激励机制，包括薪酬激励、荣誉表彰、职称评定等。通过激励，激发教师的工作积极性和创新能力，推动整个教育团队向着更高的目标迈进。

5. 建设教育科研平台

学校应建设良好的教育科研平台，为教师提供展示才华的空间。通过组织科研项目、研讨会等活动，促进教育科研的深入发展，不断推动学校教育水平的提高。

6. 推进信息技术应用

学校应引导教师积极运用信息技术，推动信息技术应用与智慧教育的发展。学校可通过开展信息技术培训、购置现代化教学设备等方式，提升教师的信息化水平，提高教学效果。

深化教师队伍建设是学校高质量发展的关键举措。通过师风师德建设、制定并实施个性化培训计划、倡导"学研融创"模式等手段，学校将更好地适应新时代的教育需求，为学生成才提供更为优质的教育服务。在教师的共同努力下，学校必将在高质量发展的路上迈出坚实的步伐。

第四节　打造并推广附小智慧教育品牌

在数字化浪潮的冲击下，教育领域正在迎来一场深刻的变革。作为教育的先行者之一，附小积极响应时代的召唤，致力于打造一个引领智慧教育潮流的品牌。本节将深入探讨打造并推广附小智慧教育品牌的策略与实践，分享我们在这一旅程中的思考、挑战和收获。

笔者深知，一个成功的品牌不仅需要坚实的技术基础，更需要明确的品牌定位和独特的理念。通过本节的讨论，读者将了解到附小智慧教育的核心

价值观，以及附小如何定位自己在智慧教育领域的独特角色。在数字时代，基础设施和技术支持是推动智慧教育的关键。通过本节的阐述，读者将深入了解附小如何构建先进的智慧教育平台，选择最适合教育的技术工具，并打造数字化校园基础设施。

智慧教育的成功离不开教师的积极参与和其不断提升的专业素养。附小为教师提供全面的培训计划，包括课程设计、实际操作培训和技能认证等，以确保每一位教师都能胜任智慧教育的使命。打破传统教学框架，实现课程创新是智慧教育的核心。通过本节，读者将了解附小如何量身定制智慧化课程体系，引入创新教学方法，推动跨学科整合与项目化教学。

智慧教育品牌的宣传推广是品牌生存和发展的必经之路。通过本节，读者将了解附小如何制订全面的品牌宣传计划，利用社交媒体拓展影响力，并与企业、研究机构等进行合作。

在这个数字化的时代，附小正迎来前所未有的机遇和挑战。我们相信，通过打造并推广智慧教育品牌，附小将在未来的教育领域中发挥越来越重要的作用，为学生提供更优质、个性化的教育体验。我们希望能为各位教育者提供启示，共同探索智慧教育的新天地。

一、引领辐射作用——以体育教育为例

2021 年，附小在全国智慧体育领域崭露头角，荣膺全国"智能体育学生数据分析与教学应用实践共同体"单位，为智慧体育的创新奠定了坚实基础。时至今日，附小模式在全国范围内发挥着强大的辐射引领作用，影响力已经广泛覆盖了 40 多所中小学校，为学生提供了前所未有的智能化教育体验。

1. 深耕智慧体育，附小模式受到国家认可

附小在智慧体育的道路上迈出了坚实的一步，通过全面深耕智能化体育教学，附小在国内同类学府中脱颖而出，成为该领域的翘楚。这也为附小赢得了全国"智能体育学生数据分析与教学应用实践共同体"单位的殊荣，成为引领国内智慧体育创新的典范。

2. 附小模式辐射全国，助力 40 多所中小学改革

附小模式的成功不仅仅停留在本校，更辐射全国。依靠精心设计的智能体育课程，先进的数据分析技术，以及深入贯彻的教学理念，附小模式在全国范围内得到了广泛关注和认可。目前，已有 40 多所中小学校引入附小模

式，取得了显著的成效。

3. 智慧体育的引领者，附小模式为学校注入新活力

附小模式的成功得益于其在智慧体育领域的引领地位。通过大数据分析，附小模式为学校提供了深入了解学生体质、学科表现等多方面信息的机会。这种精准、个性化的教学方式，让学校在教育领域焕发出新的生机，为学生的全面发展提供了更多可能。

4. 未来发展，附小模式将持续创新

在附小模式的引领下，参与的学校正在逐渐迈向数字化、智能化的新阶段。为了更好地适应未来教育的变革，附小模式将持续创新，进一步拓展智慧体育的辐射范围，让更多的学校受益。同时，附小也愿意与更多的教育机构分享成功经验，共同推动智慧体育的发展，为全国中小学生营造更加优质的学习环境。

附小智慧体育模式辐射全国，为中小学校的教学变革带来了新的契机。通过对附小模式的倡导，我们有理由相信，中国的中小学教育将在数字化时代迎来更为美好、创新的未来。

二、媒体力量——以体育教育为例

2021年9月，附小作为唯一一所小学学校代表，以其引领智慧体育教育的独特经验，荣登2021中国教育科学论坛。附小以"'智慧体育'在'双减'背景下的体育与健康教育新思路"为主题，以AI赋能体育为特色，为与会者带来了一场智慧体育教育的精彩分享。

1. 智慧体育教育引发关注

附小在论坛上分享了其在"双减"政策背景下的体育与健康教育的新思路，突出了智慧体育在教育领域的重要性。该主题探讨了如何通过智能技术，优化体育课程，为学生提供更科学、精准的体育教育。这一独特而富有前瞻性的主题引起了与会者的广泛关注。

2. AI赋能体育成特色

附小在分享中强调了以人工智能赋能体育教育的特色。通过案例，附小展示了在数字化时代如何借助AI技术，为学生提供更个性化、高效的体育学习体验。这一特色引发了与会者对于智慧体育的思考和探讨。

3. 媒体踊跃报道，引发社会关注

附小的智慧体育教育主题引起了媒体的高度关注。《中国教育报》《南方都市报》《晶报》《深圳晚报》等50多家媒体对附小的主题进行了专题报道，挖掘附小在智慧体育领域的实践经验和成果。

4. 社会和同行好评如潮

附小的分享在论坛上受到了社会和同行的好评。与会者纷纷表示，附小所倡导的智慧体育教育理念为学校的教育模式注入了新的活力，是一种具有前瞻性的探索。各界专家学者也纷纷表示，附小在智慧体育领域的实践经验值得学习和借鉴。

5. 展望未来，智慧体育将引领教育变革

通过此次论坛，附小在智慧体育领域的经验分享引发了广泛的思考和关注。附小代表着智慧体育教育的未来发展趋势，将引领更多学校在数字化时代迎接教育变革，为学生提供更优质、创新的教育服务。

三、引领辐射作用——双师课堂

附小信息技术骨干核心团队积极响应国家教育政策，为促进全国教育均衡发展，特邀请新疆喀什浩罕乡中心小学、浩罕乡14村小学的师生代表参加了一场双师课堂教学观摩展示课。此次活动得到了学校领导的高度重视，龚孝华处长、郭其俊院长、钟丽霞主任等出席并活动给予了精彩的指导。

1. 共探双师课堂魅力

在观摩展示课中，附小信息技术团队为来宾们呈现了一场精彩的双师课堂，展示了现代教育技术在课堂教学中的应用。通过信息化手段，双师课堂打破地域限制，实现了师生跨越千里的互动。来自新疆、广西、西藏和广东东莞、肇庆等地的教育者在活动中深入交流，共同探讨双师模式的优势和挑战。

2. 助推双师模式常态化发展

附小作为双师课堂的成功实践者，通过此次观摩展示课向其他地区学校分享了丰富的经验。附小信息技术团队为新疆、广西等地的教育工作者提供了技术支持和指导，使双师模式在这些地方得以常态化和规模化发展。

3. 跨地区助力教育均衡，共铸教育共同体

活动中，与会代表纷纷表示，双师模式让他们感受到了信息技术的魅力，

171

也增进了跨地区学校之间的合作与交流。龚孝华处长在指导时强调，这一模式的推广不仅丰富了教育资源，也促进了各地学校的共同发展，打造了一个教育共同体。

4. 推动双师模式更广泛应用

通过此次活动，附小信息技术团队与新疆、广西等地学校建立了密切的合作关系，未来将继续推动双师模式在更多地区的应用，为促进我国教育均衡发展贡献力量。这也是附小信息技术团队践行"助力他校，共铸教育梦想"理念的生动实践。

四、人工智能技术助力教师专业发展

附小借助特定教学活动契机激发教师融合教学反思与信息化思维，结合人工智能技术助力教师专业发展。

1. 鼓励教师整合教学反思与信息化能力提升

通过设立课题、组织公开课、录制微课等多种形式，附小鼓励教师将教学反思与信息技术应用相结合，提升整体教育水平。这一举措旨在激发更多教师利用信息技术手段的积极性，推动教育领域在学习空间、教学方式、学习内容和学习方式上实现创新。

2. 线上会议、企业微信成为教研新平台

教师们在专业发展过程中，通过线上会议、企业微信等平台进行集体备课和巡课。这种线上的教研平台使教师们能够在不同地点、不同时间进行实时交流，探索线上教育的规律和方式，极大地提高了教研的实效性。

3. 信息技术推动教学模式创新

借助人工智能技术，附小教师在教学中融入更多创新元素。教师通过在线资源、虚拟实验等信息技术手段，创新教学内容，使学生更好地理解和掌握知识。这不仅提高了教学效果，也培养了学生的创新思维和实践能力。

4. 推动教育信息化步伐，助力教学精细管理

人工智能技术的应用不仅提高了教师的教学水平，也推动了教育信息化发展的步伐。通过数据分析技术，学校能够为每位教师提供个性化的学习建议，助力对教学的精细管理。

5. 展望未来，智慧教育成为学校发展新引擎

附小将继续借助人工智能技术，推动教育信息化的不断深入，为教师提

供更多专业发展的机会，为学生提供更优质的教育服务。智慧教育将成为学校发展的新引擎，助力培养更多具有创新精神和实践能力的优秀学子。

本章小结

随着时代的发展和社会的变迁，教育面临着日新月异的挑战。为了更好地适应当下的教育环境和提升学生更全面的素质，附小积极响应，通过创新教与学模式，成功打造了智慧教育品牌，为学生的成长提供了更为丰富的可能性。

1. 创新教与学模式的迫切性

在当前教育环境中，创新教与学模式已成为教育不可或缺的重要组成部分。社会对学生的需求在不断变化，传统的教学方式越来越难以满足多样化的学习需求。附小深刻认识到创新教与学模式的必要性，以实践探索教育的未来方向。

2. 附小智慧教育品牌的发展历程

回溯附小智慧教育品牌的起源和发展历程，我们可以发现这一品牌的诞生并非偶然。它从最初的设想，逐步演化为一个立足于时代的智慧教育品牌。历经探索与实践，附小智慧教育品牌站稳了脚跟，成为引领教育创新的典范。

3. 创新教与学模式的设计框架

为推动附小智慧教育品牌的发展，学校提出了创新教与学模式的设计框架。这一框架系统涵盖了教学理念、课程设计、学科整合等多个方面，为构建附小智慧教育品牌提供了科学有力的支持。

4. "学研融创"四维教学模式

附小通过"学研融创"四维教学模式的全面实施，进一步深耕教育领域。本章对这一模式的介绍清晰展示了其核心理念和实施路径，各学科实施路径的探索则为不同领域的学科教育提供了有力指导。通过"学研融创"模式，学校教学发生了积极而深刻的变革，为学生提供了更为优质的教育体验。

5. 深化教师队伍建设，促进高质量发展

在教育变革的浪潮中，教师作为教育的核心力量，其队伍素质直接关乎学校教育质量与学生成长成才。学校高度重视师德师风建设，借助定期培训与座谈会等形式，筑牢教师职业操守与正确教育观念，营造优良教育生态。针对教师成长需求精心定制个性化培训计划，涵盖新课程标准、创新教学法及信息技术应用等多领域，全方位提升教师综合素养，使其契合新时代教育需求。大力推崇"学研融创模式"，激励教师投身学科研究、教学改革与创新实践，设立研究团队并提供资源支持，激发教师创造与实践活力。构建多层次激励机制，充分调动教师工作积极性与创新热情，驱动教育团队迈向更高目标。全力打造教育科研平台，组织科研项目与研讨会，为教师才华施展创造空间，有力推动教育科研深入发展与教育水平持续进阶。积极引导教师运用信息技术，开展培训并配备先进教学设备，提升教师信息化水平，增强教学效果，以适应教育信息化趋势。

6. 打造并推广附小智慧教育品牌

附小通过引领辐射作用、媒体力量以及双师课堂等手段，成功打造并推广了智慧教育品牌。引领辐射作用使品牌影响力不断扩大，媒体力量则成为品牌推广的有力支持，而双师课堂则在实践中不断取得突破性进展。

综合来看，附小通过各种方式，成功打造了智慧教育品牌，为学生提供了更为广阔的发展空间。同时，通过深化教师队伍建设和巧妙运用各种推广手段，附小智慧教育品牌在教育领域取得了显著的成就，为教育事业注入了新的活力。

第七章

结论与展望

第一节　未来智慧教育发展的趋势与方向

随着科技的飞速发展，智慧教育正迅速改变传统教育的面貌。未来，随着人工智能、大数据、云计算等技术的不断演进，智慧教育将迎来更为深刻的变革。本节将探讨未来智慧教育的发展趋势与方向，描绘一个充满创新和活力的教育未来。

1. 个性化学习的兴起

未来智慧教育的一个鲜明趋势是个性化学习的兴起。传统教育往往采用"一刀切"的方式，而未来，通过大数据技术分析学生的学习风格、兴趣和能力，教育将更加贴近每个学生的需求。个性化学习系统将为学生提供定制的学习路径，使每个学生都能在适合自己的节奏和方式下获取知识，真正实现因材施教。

2. 智能化教育工具的广泛应用

未来的教育将离不开智能化教育工具的广泛应用。虚拟现实（VR）和增强现实（AR）技术将被更多地整合到教学中，为学生创造沉浸式的学习体验。智能助教、在线学习平台以及个性化学习软件将成为教育的得力助手，辅助教师更好地开展教学工作。

3. 云端教学与远程协作

未来，云端教学将成为常态。通过云端教学平台，学生可以随时随地访问教育资源，进行在线学习。同时，远程协作将更加普及，学生可以参与来自全球各地的学习合作项目，拓宽视野，增强团队合作能力。这将打破地域限制，让优质教育资源更加平等地分布。

4. 数据驱动的教学决策

大数据技术在智慧教育中的应用将更加深入。通过对学生学习数据的分析，教育者可以更好地了解学生的学习情况，及时调整教学策略。同时，大数据技术还可以用于评估教育政策的效果，促进教育体系的不断优化。

5. 跨学科与综合素养的培养

未来智慧教育将更加注重跨学科的融合和对学生综合素养的培养。传统教育往往过于强调学科的划分，而未来智慧教育将更加强调学科之间的关联性，培养学生的跨学科思维能力。综合素养，包括批判性思维、创造力、沟通能力等，将成为未来教育的核心目标。

6. 在线认证与终身学习

未来，学历的认可将更加多元化。在线学习的兴起将推动在线认证体系的建立，通过在线学习获得的技能和知识将得到更广泛的认可。这将促使人们更加注重终身学习，不断提升自己的技能，适应社会不断变化的需求。

7. 人工智能技术将在教育管理中的应用

人工智能技术将不仅在教学中发挥作用，在教育管理中也将扮演越来越重要的角色。智能化的教育管理系统可以优化资源分配、提高学校运营效率，使学校管理更加科学化、精细化。

8. 以问题为核心的学习

未来的教育将更加注重培养学生解决问题的能力。以问题为核心的学习模式将取代传统的知识灌输，学生可以通过解决实际问题来学习理论知识，更好地将学到的知识应用到实际生活中。

未来智慧教育将呈现出多元化、个性化和全球化的特点。教育者需要不断更新自己的教学理念和方法，紧跟科技发展的步伐，善于运用先进技术手段来提升教学效果。家长和学生也需要适应这一变革，主动参与到学习过程中，培养自主学习的习惯和团队协作能力。未来的智慧教育世界充满机遇，唯有紧跟时代的步伐，才能更好地迎接未来的挑战。

第二节　思考

随着科技的飞速发展，智慧教育正成为教育领域的一支强大力量。然而，在探索智慧教育的过程中，我们也需要进行深刻的反思。智慧教育究竟给我们带来了什么？我们又付出了什么代价？这些问题值得我们深入探讨。

1. 教育的本质

在追求技术创新的同时，我们不能忽视教育的本质。教育不仅仅是知识的传递，更是品德的培养、思维方式的塑造。智慧教育的目标应该是更好地服务教育的本质，而非仅仅是创造数字化课堂这一形式。

（1）服务于教育本质的智慧教育目标。

智慧教育的目标并非创造数字化课堂这一形式，而是更广泛地服务于教育的本质。这一目标的实现离不开对学生全面素养的培养，其中既包括专业知识的传递，更包括品德的培养和思维方式的塑造。教育者需要以学生成长为核心，利用智慧教育工具促进其综合素质的提升。

（2）智慧教育的全方位服务。

智慧教育应当不断创新，提供多层次、多领域的服务，以满足学生个体差异化的需求。这包括但不限于个性化学习、情感关怀、学科交叉等方面的服务，使学生在知识、情感和实践层面得到全方位的发展。

（3）培养学生品德的责任。

在数字化潮流中，培养学生的品德尤为重要。智慧教育应通过科技手段，引导学生树立正确的价值观，培养其良好的道德品质。这既是对学生的个体关怀，也是对社会的责任担当。

（4）塑造创新思维的教育环境。

智慧教育的创新不仅仅表现在技术上，更需要在教育环境中深植创新思维。教育者要鼓励学生勇于尝试、勇于创新，使他们在实践中培养解决问题的能力，形成积极的人生态度。

（5）重视教育的人文关怀。

尽管智慧教育倚重技术，但我们绝不可忽视人文关怀的重要性。教育者应关注学生的个体差异，关怀他们的情感需求，用心建设人性化的教育环境，让每个学生在关怀中茁壮成长。

智慧教育的未来，应当以服务教育本质为己任。通过创新手段，实现全方位服务，培养学生的品德和思维方式，真正实现教育的目标，让每个学生在智慧教育的大潮中都能找到属于自己的成长路径。智慧教育不仅是对科技的应用，更是对教育使命的不懈追求。

2. 个性化学习的平衡

个性化学习是智慧教育的一大亮点，但在实践中我们也要注意平衡。个性化学习不应该变成孤立学习，学生仍需要在合作中培养团队协作能力，这是未来社会所需的重要素养。

（1）个性化学习的崛起。

随着智能技术的应用，个性化学习为每个学生量身定制教学方案，促使学生在个体发展上取得更大突破。这种定制化的学习路径不仅提高了学习效率，而且更符合学生个体的特点，满足了不同学习风格和兴趣爱好。

（2）个性化学习的潜在陷阱。

个性化学习也面临一个潜在的陷阱，即将学生推向孤立学习。个体定制的学习路径可能导致学生过于专注于自己的学科领域，而忽视了团队协作对综合素质的培养。

（3）平衡个性化学习与团队协作。

在实践中，我们需要找到个性化学习与团队协作的平衡点。个性化学习可以通过引入项目式学习、跨学科合作等方式，使学生在个体发展的同时培养团队协作能力。学生在解决问题的过程中既能够发挥个体优势，又能够学会倾听、分享和合作。

（4）项目式学习的应用。

项目式学习是平衡个性化与团队协作的有效途径。在复杂的项目任务中，学生需要共同合作、分享知识和经验，从而培养团队协作的能力。这种实践型的学习方式既保留了个性化学习的特点，又注重对学生团队协作能力的培养。

（5）跨学科合作的重要性。

跨学科合作是另一种促使学生进行团队协作的方法。将不同学科的知识融合在一起，要求学生从不同的角度思考问题，培养了其解决实际问题的能力，同时增强了学生的综合素质。

（6）未来社会需要的素养。

在社会变革的今天，团队协作能力被认为是未来社会所需的重要素养之

一。通过平衡个性化学习和团队协作，我们不仅能够培养学生的个体潜力，还能够锻炼他们在团队中协同工作的能力，使之更好地适应未来社会的发展需求。

个性化学习与团队协作并非对立，而是相辅相成。在智慧教育的大背景下，我们应当在培养个体潜力的同时注重对其团队协作能力的培养，为学生提供更加全面、实用的素养教育，使他们能够更好地融入未来社会的发展潮流。

3. 技术与人文的结合

智慧教育需要技术的支持，但技术不能替代人文关怀。教育者要在运用技术的同时，注重人际关系的建设，关怀学生的心理健康，培养他们的情商与社交能力。

（1）技术的助力。

智慧教育借助先进技术，实现了个性化教学、在线学习等多元化教育方式。通过智能化的学习平台，学生能够更好地获取知识，提高学习效率。值得注意的是，技术的运用并非只限于课堂，更涉及对学生全面成长的观照。

（2）人文关怀的重要性。

教育者在技术支持的背景下，更要注重人文关怀。学生在成长过程中不仅需要知识的灌输，更需要关爱与理解。关注学生的情感需求，建设良好的人际关系，才能更好地引导他们面对生活中的各种挑战。

（3）心理健康的关切。

在技术驱动的教育中，关注学生的心理健康至关重要。通过智能化系统收集学生的学习数据，教育者能及时发现并应对学生学习和生活中的压力，提供针对学生心理健康问题的支持。教育者要成为学生的倾诉对象，引导他们正确处理情绪，建立积极的心态。

（4）情商与社交能力的培养。

智慧教育的目标不仅仅是培养学生的学科能力，更要注重培养他们的情商和社交能力。通过团队项目、合作型学习等方式，让学生学会倾听、沟通、合作，使之更好地融入社会，成为具备综合素养的人才。

（5）教育者的角色转变。

在技术与人文的交汇处，教育者的角色也在发生转变。除了传授知识，教育者还要成为学生的引路人，指导他们正确使用技术，引导他们健康成长。教育者的责任不仅限于课堂，更在于将学生塑造成为成熟、有责任心的个体。

（6）家校合作的加强。

为了更好地关注学生的全面发展，家庭与学校之间的沟通与合作显得尤为重要。通过定期开展家长会、家校联谊活动等方式，促进学校与家庭之间的紧密联系，形成全方位的关爱网络。

在智慧教育的道路上，技术与人文的结合是取得成功的关键。在技术的引领下，我们更需要以关怀为本，注重学生的心理健康，培养他们的情商和社交能力。只有在技术与人文的共同努力下，我们才能塑造更加全面、健康、有活力的学习环境，培养更具综合素养的未来人才。

4. 教师专业发展的支持

智慧教育的成功离不开教师的专业发展。学校需要提供更多关于智慧教育工具的培训和支持，确保教师能够充分掌握技术，并将其更好地应用于实际教学中。在智慧教育的时代，教师的专业发展是推动教育创新的关键。为了确保教育者能够充分掌握智慧教育工具，提高教学水平，学校应加大力度提供更多培训和支持，引领教师走向专业发展的新高度。

（1）智慧教育工具的快速更新。

随着科技的不断进步，智慧教育工具层出不穷。教育者需要不断学习适应新的工具，并将其融入教学实践。学校应推出更多的培训课程，帮助教师更快速地了解和使用这些工具。

（2）个性化培训计划的制订。

每位教师在智慧教育领域的需求各不相同。为了更好地满足个性化的专业发展需求，学校应制订个性化的培训计划，为每位教师提供有针对性的培训，提高其在智慧教育方面的专业素养。

（3）跨学科培训的加强。

智慧教育不再局限于单一学科，而是涵盖了多门学科和技能。为了更好地适应这一趋势，学校应加强跨学科的培训，帮助教师更全面地运用智慧教育工具，提升他们的综合能力。

（4）实践经验分享平台的建设。

教育者在实际教学中获得的经验是宝贵的财富。为了促进经验的分享和交流，学校应建设实践经验分享平台，教师可以在这里交流心得，分享成功案例，促进共同成长。

（5）提供实际应用场景的模拟训练。

智慧教育工具的应用需要在实际场景中进行磨砺。为了更好地锻炼教师的操作技能和应变能力，学校应提供实际应用场景的模拟训练，使教师能够更从容地应对各种情况。

（6）激励机制的建立。

为了激发教师的学习积极性，学校应建立激励机制，对积极参与培训、在实践中取得成绩的教师给予奖励，提高教师参与专业发展活动的积极性。

学校在推动智慧教育发展的同时，应充分认识到教师专业发展的重要性。通过更全面、灵活、个性化的培训和支持，帮助教育者更好地适应智慧教育的新要求，为学生提供更高质量的教育服务，引领教育事业不断向前发展。

5. 对未来的审慎乐观

行走在智慧教育的路上，我们要保持审慎乐观的态度。技术是工具，教育是目的。我们要确保技术的引入是为了更好地服务教育事业。面对智慧教育的蓬勃发展，我们需要时刻保持审慎乐观的心态。技术是我们的工具，而教育则是我们的终极目标。在智慧教育的路上，应保持审慎乐观的态度，确保技术的引入服务于崇高的教育事业。

（1）技术是工具，教育是目的。

在追求智慧教育的过程中，我们不能忘记技术只是实现教育目标的手段之一。技术的引入应该是为了更好地服务教育，提升学生的学习体验，培养其综合素养，而不是为了追求新奇和炫目。要保持审慎，确保技术的使用符合教育的根本价值。

（2）慎重选择和整合技术。

在引入技术时，我们需要慎重选择适合教育场景的工具，并将其有机地整合到教学中。避免盲目跟风，注重工具的实际效果和对教育的实质贡献。技术的引入要符合课程需求，要有助于提高教学效果，而不是仅仅为了引人注目。

（3）关注教育的全面发展。

审慎乐观的态度包括对教育全面发展的关切。智慧教育不仅仅是数字化的课堂，更是对学生思维能力、创新精神、团队协作等多方面素养的培养。技术的应用应当全面涵盖教学的各个内容，确保学生在智慧教育中获得更全面的发展。

（4）不同步骤的平衡。

在推进智慧教育的过程中，我们需要平衡不同步骤之间的关系。技术的迅猛发展可能导致一些环节滞后，而如果忽视了某些方面的发展可能会影响整体的教育效果。审慎乐观要求我们平衡好技术引入的速度与教育各个方面的同步发展。

（5）鼓励教育创新。

审慎乐观并不是对创新的拒绝，相反，我们需要鼓励教育创新。在技术的支持下，教育方式可以更加灵活多样，符合学生个性化的需求。然而，创新需要建立在对教育本质深刻理解的基础之上，教育工作者确保创新是为了提升教育质量。

在智慧教育的探索中，我们要始终保持审慎乐观的态度。技术是我们的助手，而教育则是我们的追求。只有在保持对教育本质的敬畏和对技术应用的谨慎时，我们才能真正实现技术和教育的有机结合，走出一条更为坚实、可持续的智慧教育之路。

智慧教育是一场伟大的实践，需要我们持续不断地反思和调整。只有在不断总结经验、发现问题、解决问题的过程中，我们才能真正实现智慧教育的可持续发展，让科技与教育共同迈向更加美好的未来。

智慧教育是一个正在快速发展的领域，它带来了前所未有的机遇和挑战。在推动智慧教育发展的同时，我们需要谨慎对待其中的问题，确保学生能够在更加智能、个性化的教育环境中获益。

后 记

当在键盘上敲下书稿的最后一页，窗外的美丽异木棉枝繁叶茂。这八株美丽异木棉，是与我共同见证校园四季流转的校树，此刻仿佛也在为这段书写历程作注。回望《行走在智慧教育的路上》的创作时光，那些与智慧教育同频共振的晨昏，那些与教育同仁共赴山海的岁月，如电影胶片般在眼前次第展开。

犹记2021年仲夏，在广东省中小学"百千万人才培养工程"智能教育名校长培养项目的开班仪式上，我接过导师贾汇亮院长赠予的《教育未来简史》一书，扉页上"做智慧教育的摆渡人"的题词，如同播撒在沃土中的火种。三载寒暑更迭，在广东第二师范学院的研修课堂里，我们探讨教育数字化转型的底层逻辑；在"智慧教育名师工作室"的实践场域中，我们破解技术与教育融合的达·芬奇密码。这些思想碰撞的火花，最终熔铸成学校发展的北斗星图——将智慧教育作为现代化办学的核心引擎。在深圳市福田区教育科学研究院附属小学三年多的时光里，我以"上善乐活，让每一个生命精彩绽放"为价值坐标，构建起包含课堂革命、空间再造、学科融合的三维育人体系。

教育创新的过程恰似攀登层云缭绕的山峰。当我们以信息技术重构课堂生态时，曾遭遇传统教学习惯的"高原反应"；在打造智能学习空间时，经历过硬件迭代与教学理念错位的"雪崩时刻"。但正是这些艰难险阻，让我们在智慧教育的探索中淬炼出独特的方法论：用数据画像为每个学生定制成长方案，以云端教研打破学科壁垒，让AI助教成为教师专业发展的"第三只眼"。三年躬身实践，我们的办学图景日渐清晰——这里不仅是名师孵化的摇篮，更是生成性教学改革的试验田；不仅是信息化研究的智库，更是辐射湾区教育创新的能量场。

此刻，由衷地向这段旅程中的摆渡人致意：感恩广东省教育厅搭建的成长平台，让教育理想有了栖息的港湾；致敬广东第二师范学院导师团队的学术引领，那些深夜研讨时迸发的思想光芒，至今仍在指引着我们的实践航向；

感怀校长研修班同窗的智慧共振，你们对教育本质的追问、对技术伦理的思辨，都在不断丰盈着这本书的思想维度；还要感谢我的教育团队，你们用无数个不眠之夜将理念转化为行动，用教育者的执着在代码与黑板间编织出育人的经纬。

本书付梓之际，恰逢人工智能技术掀起新一轮教育革命。我深知，智慧教育永远在路上，每个阶段性成果都将是新探索的起点。愿这些凝结着实践智慧的思考，能成为教育同仁探索数字化转型的登山杖；愿书中那些真实的教育叙事，能在更多校园里生长出独特的智慧教育样态。当人工智能与人文精神在教育场域中相向而行，我始终坚信：技术终将回归育人本质，而教育永远在创造着比技术更伟大的可能。

刘锐娟

2024 年 10 月